グローバル社会を歩く④

バナナが高かったころ

聞き書き

高度経済成長期の食とくらし2

赤嶺 淳［編］

グローバル社会を歩く研究会

発売：新泉社

はじめに——食生活の変化を聞き書くこと

赤嶺　淳

本書は、二〇一二年度に名古屋市立大学・人文社会学部でわたしが担当した「海域世界論」で課したレポートのうち、優秀作品十一篇を出版用に編集しなおしたものです。

わたしは、自身の研究の必要性から、さまざまな地域で、いろんな人びとにインタビューをおこなってきました。訊くテーマはそれぞれですが、話の最後は、話者の人生哲学というか、語り手さんがたどってきた人生談におちつくことがほとんどです。

生きざまを訊くということは、その人が生きてきた時代について訊ねることにほかなりません。個人の体験から社会の変化をとらえるジャンルは、一般に、個人史やライフ・ヒストリー、ライフ・ストーリーとよばれています。ライフ（life）は生活、ヒストリー（history）は歴史、ストーリー（story）は物語です。対話形式でみちびかれたインタビュー内容を話者が語ったような物語に仕立てる（編集する）手法を「聞き書き」とよんでいます。

聞き手あっての聞き書きとはいえ、もちろん、聞き書きの主人公は語り手さんです。いくら調査研究のためとはいっても、語り手は、プライバシーを暴かれる存在となります。残念ながら、すばらしい作品にしあがったのに、語り手さんの希望で収録をみおくった物語も少なからずありました。また、語り手さんが顔写真の掲載を遠慮された報告もあります。

タイトルに「バナナが高かったころ」、副題に「高度経済成長期の食とくらし」とあるように、本書の目的は、生活の要諦である衣食住のなかでも、「食」に着目し、列島社会が劇的な変化を経験したとされる高度経済成長期前後の変化の諸相を切りとることにあります。

「食」や「食文化」と聞くと、わたしたちはテレビのグルメ番組や雑誌、インターネットで紹介されているレストランなどを連想しがちです。しかし、それらは、高級すぎたり、その反対にB級すぎたりするのが普通です。なにも特別なものではなく、本書では、単純にわたしたちが、どのようなものを、いかに食べてきたのか、という日常性に着目したいと考えています。そして、毎日の生活のなかで消費している食材の履歴にはじまり、調理技術や経済活動をふくむ「食」の総体―歴史と現在―を記述する学問を「食生活誌学」とよびたいと考えています。

わたしたちが学ぶ人文社会系の学問にかぎらず、すべての学問は、「何故?」という疑問からはじまります。くわえて、人文社会系の学問には、原因を解明するだけではなく、「いかに変化が推移していったのか」という過程そのものをあきらかにすることがもとめられています。食生活誌学も同様です。

たとえば、本書でおおくの方が回想するように、バナナはかつて高級品で、病気にならないと食べることのできない果物でした。本書には収録できなかった語り手さんのなかには、「テレビのCMでチンパンジーがバナナをムシャムシャと食べているのを観て、チンパンジーがうらやましかった」と回顧してくれた方もいらっしゃいました。

そんなバナナが、庶民の手にも届くようになるのは、IMF(国際通貨基金)の助言をうけ、一九六三年四月にバナナ貿易が自由化されて以降のことです(図1)。いまから五〇年も前の話だといえばそれまでですが、東京オリンピックの前年のことだったと聞けば、わたしたちがいだくバナナ観もことなってくるのではないでしょうか。

国民ひとりあたりの年間のバナナ消費量をみてみましょう。自由化がなされる前年(一九六二年)のそれが〇・八七キログラムだったのに対し、貿易自由化をうけた一九六三年には二・六六キログラムと三倍に上昇しています。さらには高度経済成長の末期の一九七二年にはバナナの輸入量も一〇〇万トンを突破し、この年のひとりあたりの消費量は九・八八キログラムにのぼりました(翌七三年一〇月に第四次中東戦争が勃発し、高度経済成長は終焉をむかえました)。

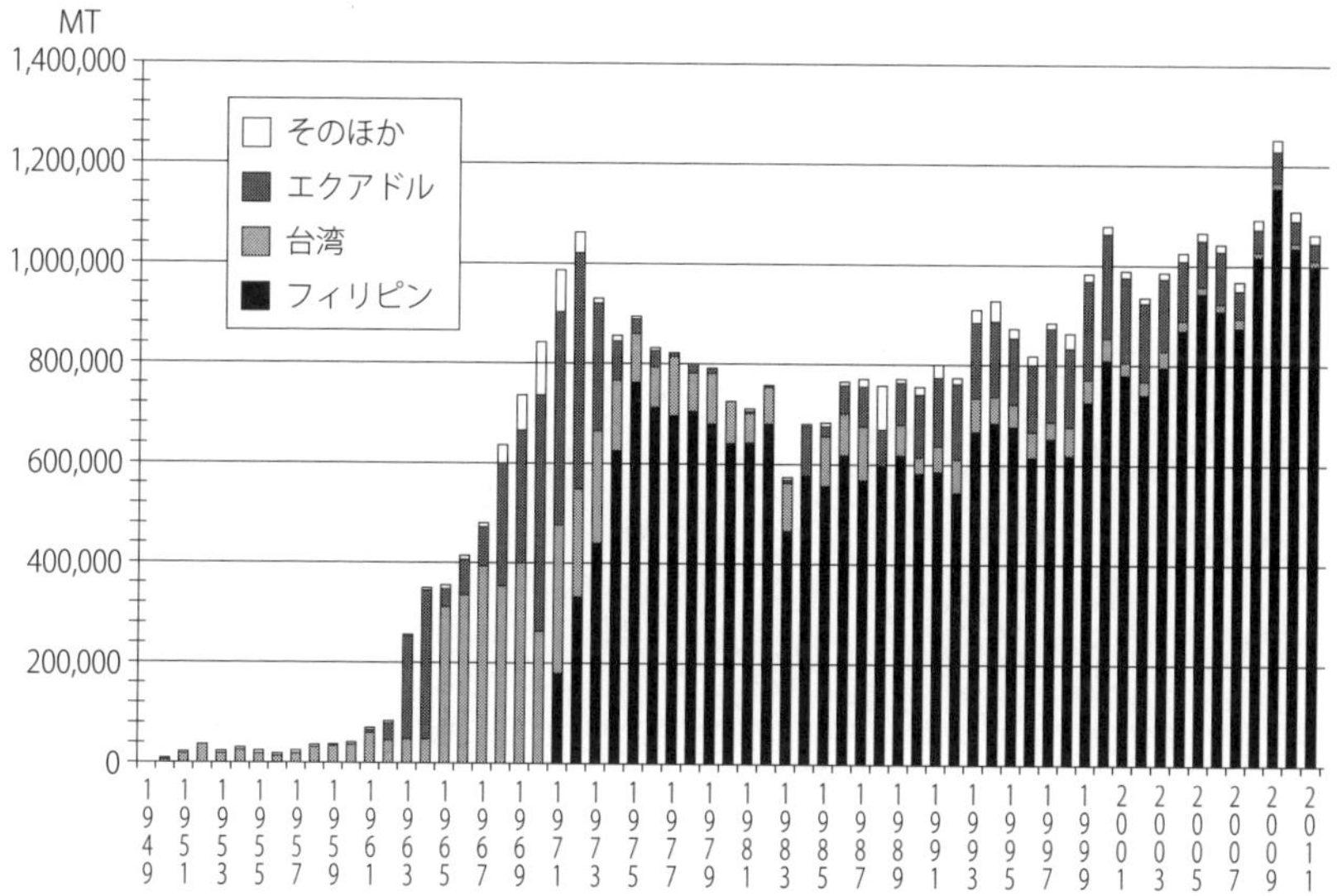

図1　日本のバナナ輸入量の推移（輸出国別，1949-2011）

出所：財務省「貿易統計」より筆者作成。

では、いかに、こうしたバナナは、日本の食卓に届けられるようになったのでしょうか？　本書のなかでも、「いまはフィリピンとかエクアドルだとか方々からくるでしょう。でも、むかしは台湾専門だったんだよ」といった語りが登場しますし、図1からも、フィリピン産バナナの台頭は一目瞭然です。

財務省の貿易統計によると、日本がフィリピンからバナナを初めて輸入したのは一九五九年で、わずか五七八キログラム（〇・五七八トン）でした。その五〇年後の二〇〇九年にその二〇〇倍に相当する一一六万トンを輸入していることからすると、フィリピンバナナの大躍進に驚かされてしまいます。

日本市場でエクアドル産バナナが台湾産バナナを凌駕した一九七〇年に、フィリピンバナナは、たった六・五パーセントのシェアを占めるにすぎませんでした。しかし、そのわずか三年後には、今度はフィリピン物の輸入量がエクアドル物を追いこし、市場の四七・五パーセントを占めるにいたりました（図2）。翌一九七四年からは、フィリピンバナナは一貫して七〇パーセント以上のシェアをほこっています（一九七四年から二〇一一年までの平均は八一・九

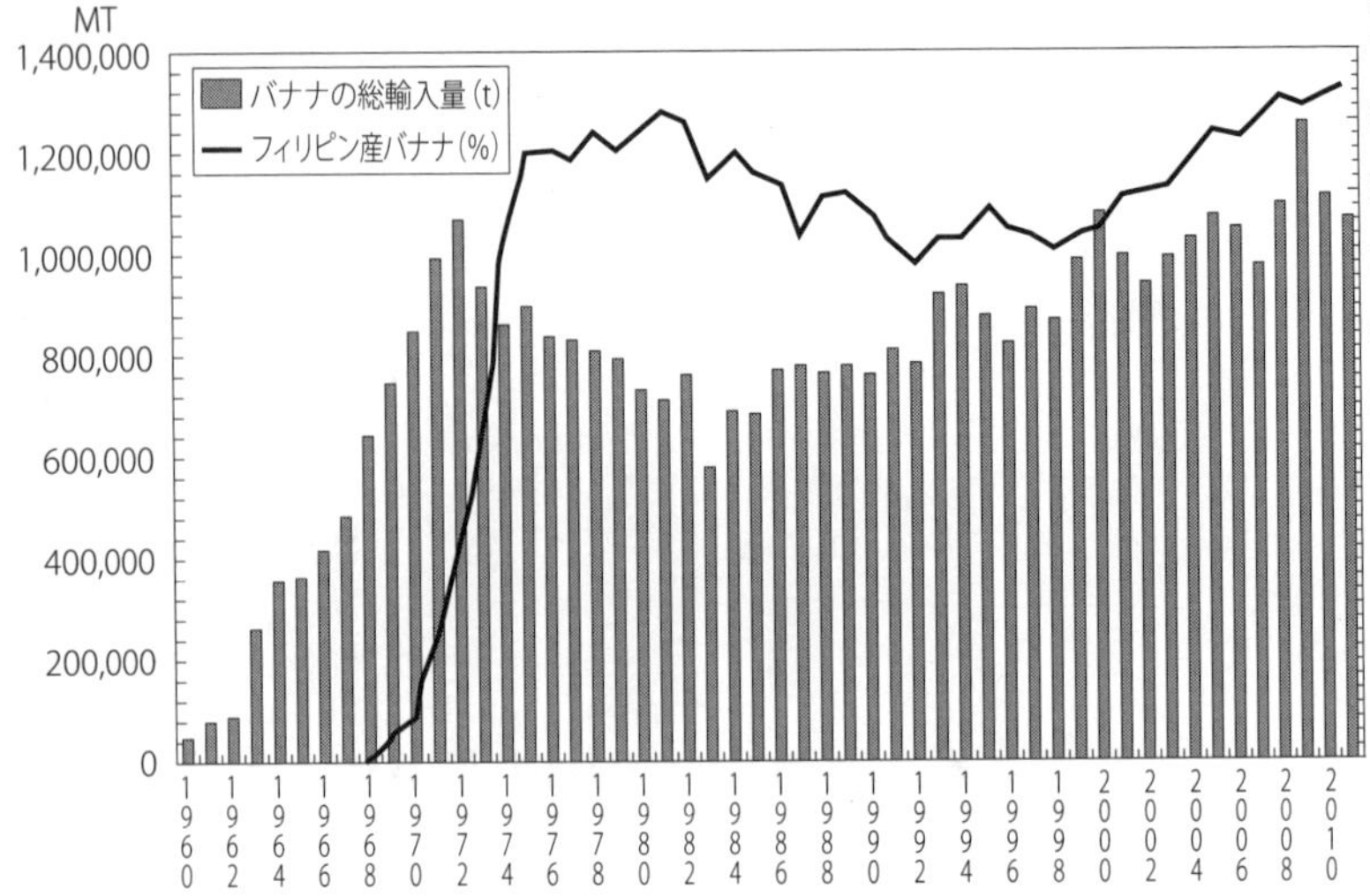

図２　日本のバナナ輸入量の推移とフィリピン産バナナの占める割合（1960-2011）

出所：財務省「貿易統計」より筆者作成。

パーセント）。一九九〇年代にややシェアが低くなったものの、二〇〇〇年代以降は、再度、九〇パーセントちかくまで上昇しています（二〇一一年は九四・四パーセント）。

台湾バナナからフィリピンバナナへ変化した経緯については、故鶴見良行氏の名著、『バナナと日本人―フィリピン農園と食卓のあいだ』（岩波新書、一九八二）に詳しく紹介されています。鶴見氏によれば、フィリピン産バナナの台頭は、住友商事や米国のドールやデルモンテ、チキータなどのグローバル企業（八〇年代には多国籍企業とよばれていました）が、開放された日本市場を意識して、あらたにフィリピンにバナナ農園を開設したことに起因しています。注意すべきことは、フィリピンの人びとが食べずに、あまったバナナが日本市場にやってきたのではなく、日本に売るために開拓された農園でつくられたものだ、ということです。

おいしいバナナが安く入手できることは、うれしいことです。でも、そうとばかりは言っていられないかもしれません。図３をご覧ください。総務省がおこなっている小売価格統計調査から東京都区部の関連データを抜粋したものです。この調査にバナナが登場するのは、貿易が自由化さ

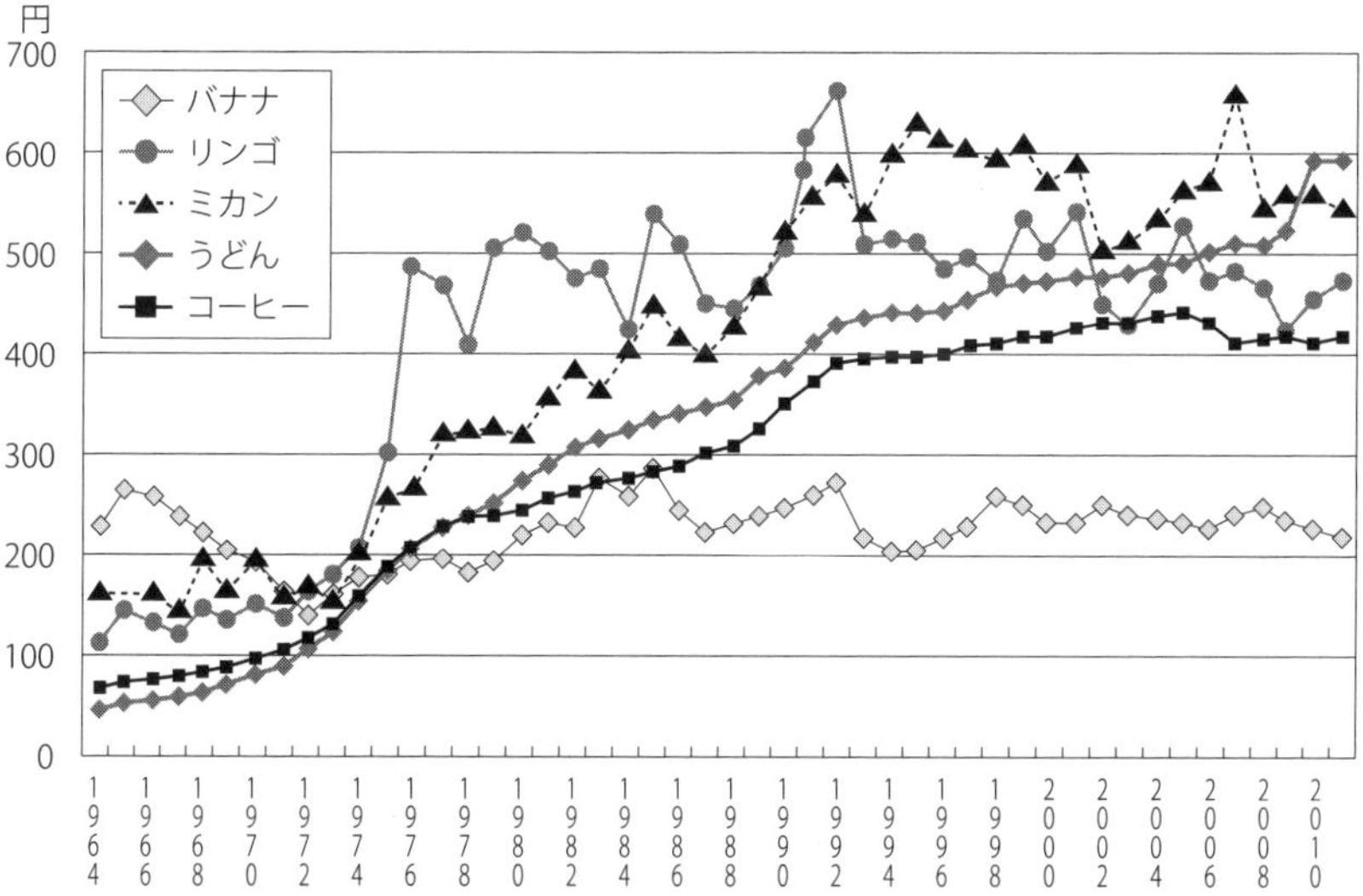

図3　東京都区部における小売価格の変遷（1964-2011）

出所：「小売価格統計調査報告」より筆者作成。

れた翌年の一九六四年のことです。本書でおおくの語り手さんが回顧するように、当時、キログラムあたり二二八円とリンゴの二倍もするほど、高価なものでした。ところが、一〇〇万トンの輸入をみた一九七二年以降は、ミカンとリンゴの方が高くなっています。

物価を比較するために、一杯のうどんとコーヒーの価格も図3に掲載してみました。一九六四年当時、うどんが五〇円、コーヒーが七〇円だったわけですから、バナナにかぎらず果物そのものが贅沢品だったことがわかります。しかし、それ以上に注意をひくのは、バナナの価格が比較的に安定しているのに対して、七〇年代以降、それ以外の商品の価格が上昇していることです。

これは、いったい、どういうことなのでしょうか？　あまりにもたくさんのバナナが輸入されたために価格がさがったのかもしれませんし、一九七一年末から変動相場制に移行した結果、円高となっていったことの結果なのかもしれません。もし、為替が理由だとすると、おなじく途上国のプランテーションで栽培されているコーヒーの価格もさがってよさそうなものです。しかし、そうはなっていません。

フィリピンバナナの価格低迷は、複数の政治経済的な要因がからみあって生じた現象であるにちがいありませんが、鶴見氏があきらかにしたように、その主因は「低賃金を余儀なくされてきたフィリピンの労働者たちのおかげ」にあるようです[1]。このように消費者がしらない食物語は、食生活が多様化し、世界中から食材が届けられるグローバリゼーションの今日、枚挙にいとまがないはずです。

バナナが家庭に浸透したように食生活の多様化は、高度経済成長期終盤の一九七〇年代頃から、急速に進みました。料理や食事を提供する場が拡大し、それまでの料理屋や旅館のみならず、ファーストフード店やファミリーレストランなど、食を楽しむ空間がふえたことが、その理由です［石毛 et al. 1989; 原田 2005: 209］。また、一九六四年に海外旅行が自由化されると、ホテルやレストランでも、本格的な西洋料理が味わえるようになりました［奥村 1989: 54-55］。その延長線上に、いわゆる「エスニック料理」も登場しました。一九八三年には、東京・六本木にアラブ料理の専門店が出現しましたし、タイやベトナム、インドネシア料理なども注目を集めるようになりました。いずれも日本人には馴染みのうすい香辛料を多用していましたが、一九八六年には「激辛ブーム」が到来し、大都市にはさまざまなエスニック・レストランが登場するようになっていきました［原田 2005: 212］。

かつて食通といわれるのは、社会のなかでもほんの一部の人びとにかぎられていました。しかし、人びとが食に満ちたりるようになると、テレビや雑誌、インターネットなどを通じて、実際に自分がいくことがないであろう（高級あるいはB級）レストランで給仕される料理の情報までもが、人びとの娯楽の一部となっていきました。このことは、実際の料理から情報だけが遊離し、噂だけがひとり歩きするようになったことを意味しています。「一億総グルメ」とも評される現在の世相を、文化人類学者の石毛直道氏は、「食の情報化時代」と評しています［石毛 1989: 36］。そして、「食の情報化時代」は、とりもなおさず「飽食の時代」でもあります。いわゆるバブル経済期の狂宴の実態について、ノンフィクション・ライターの佐野眞一氏が『日本のゴミ』で叙述したとおりです［佐野 1993］。

写真1　市場関係者があつまって実施されたウニ供養（2012年10月、下関市にて赤嶺撮影）

＊　＊　＊

食生活誌学は、まさに日本の「食」をめぐる諸相を、多様なわたしたちの生活様式／社会生活の変容のなかに位置づけることを目的としています。わたしたちの生活は、好むと好まざるとにかかわらず、国内やグローバルな政治経済の影響から自由ではありえません。こうした関係性を自覚し、食生活の変遷を具体的に追いながら、現代社会を批判的にとらえ、よりゆたかな将来を構想すること、それが食生活誌学のめざすところでもあります。こうした目論見のもと、本書では以下のように三部構成で十一篇の個人史を叙述します。

第一部「有機肥料から化学肥料へ」におさめた四篇には、いずれも家庭からでる糞尿や里山から採取してきた堆肥を有機肥料として利用していた話が登場します。有機栽培は、低農薬とならび、現代社会におけるゆたかな食生活の象徴でもあります。しかし、ここにおさめられた四篇を読めば、生産と消費が分断された現代社会において、有機農業をめざすことの困難さが理解できようというものです。

本書のいずれの語りもが質素だった生活を描きだしてい

ますが、なかでも第二部「自分でつくっていた社会」におさめた三篇は、厳密な意味で「自給自足」とはいえないものの、それにちかかった生活を叙述しています。「食べるだけで精一杯だった」と回顧しているとはいえ、悲壮感を感じさせないのは何故でしょうか？　それは、コンビニに代表される消費文明がかもしだす「そこにいけばある」という安心感とは対照的に、各自の創意工夫に満ちた手作り感あふれる生活だったからではないでしょうか。

第三部「新しい味をもとめて」では、戦後、わたしたちが新たな食生活を獲得するにあたって、先人たちが積みかさねてきた経験が語られています。尺貫法が変更され、それまでの升や勺からリットルとなった際の困惑は想像してあまりあります。また、ジャーナリストで教育家の羽仁もと子が一九〇四年に創刊した『婦人之友』の愛読者たちが一九三〇年に結成した「全国友の会」については、恥ずかしながら、「岡崎友の会」会員の竹内たみ子さん（第九章）から学ばせていただきました。

ここに収録した十一篇の聞き書きの著者は、大学二年生から四年生までの学生です。個人史に魅せられ、今回、再挑戦してくれた学生もいますが、八名の学生にとっては初挑戦でした。

ある学生は、祖父母の歩んできた人生をふりかえり、「二人は同じ時代に生きたのに、異なる学生時代を過ごしたことに驚いた。食糧不足を経験した祖父と、食糧を分けてあげる境遇だった祖母が同じ生活をするようになっていくのは、聞いていて不思議」だったと述懐しています。学校でまなぶ歴史は、いわば為政者からみた政治経済史です。市井のひとりひとりの生活に注目したものではありません。聞き書きのおもしろさは、こうした個人の生活が多様だったことを知らしめてくれることにあります。

また、別の学生は、「今回聞き書きをして、祖父母がずっと野菜や米作りを止めない気持ちがわかった気がした。今まではこのことについて、うちは田畑があるから、当たり前にそこで野菜や米を作っているだけのことだと思っていた。しかし、祖父母が必死に農業をつづけるのは、このような生活を経験してきた人たちだからこそだと感じた。祖父母にとって、すべて他人がつくったものが食卓に並ぶ生活はさみしいものであり、不自然なことなのだろう」と

写真２　ヨーロッパではフェアトレードがさかん（2009年７月、ジュネーブにて赤嶺撮影）

語り手の心中を見事に洞察しています。わたしもそうですが、現代にくらすほとんどの人が、食物の生産現場から切れた環境でくらしています。そうした生活環境を自覚したうえで、産直もよし、フェアトレードもよし、「いかに生産現場、生産者とつながっていけるか」を模索しながら、社会のしくみを再構築していくことが、今後の日本に必要なのではないでしょうか。

　学生たちは、じっくりと祖父母の話に耳をかたむけたことにより、さまざまな発見をすることができました。他方、語り手さんたちは、わたしたちの試みを、どのようにとらえてくださったのでしょうか？「（マンションの）ほかの住民の方に、このインタビューのことを話したらうらやましがられちゃった。ほかの方も、ぜひ話したいそうよ」との木村次子さんの感想（第二章）にすくわれた想いです。

　三・一一以降、さまざまな場で「絆」の必要性がさけばれています。「聞き書き」という作業は、ひとりひとりが体験してきた貴重な歴史を記録することであると同時に、世代間対話でもあることを再確認しておきたいと思います。つまり、聞き書きのおもしろさは、語り手と聞き手の協働作業の過程にあるといってもよいでしょう。とくに今回のように祖父母のたどってきた歴史を訊ねることは、学生自身のルーツを確認する作業でもあるはずです。手前味噌にすぎるかもしれませんが、素人が親しい人びとを聞き書きしたからこそ、かえって学術書があつかいきれなかった、身近な歴史のリアリティが浮かびあがったと自己評価しています。

現在の日本、いや人類は、他人のまねごとではなく、自分自身で、あらたなモデルを構築していかねばならない状況にあります。決して楽観視はできないものの、将来について悲観していてもはじまりません。さまざまな困難を乗りこえてきた先人の語りに耳をかたむけながら、自分なりの将来像を展望してみようではありませんか。なにも「昔の生活にもどろう」と提案しているのではありません。先人たちの経験・知恵をヒントにすることで、よりよい社会をひらいていけるはずです。この聞き書き集が、読者のみなさんにとっても、勇気づけられるものであることを願っています。

二〇一二年十二月

謝辞

語り手のみなさん、ならびに本プロジェクトを支援くださった方々にお礼もうしあげます。なお、本プロジェクトは、（一）二〇一二年度江頭ホスピタリティ事業振興財団研究開発事業研究助成「高度経済成長期における食生活の変容に関する口述史—食生活誌学の視点から」、（二）二〇一二年度名古屋市立大学特別奨励研究費「食の安全保障と生物多様性の保全—FAOとCITESとのMoUの批判的検討を中心に」のふたつの研究助成によっています。

［1］食卓という身近な生活環境に着目して社会問題を多角的に考察していこうとする食生活誌学の発想は、おおくを鶴見氏の研究に負っています。バナナを題材とした鶴見氏の方法論上の戦略は、「スーパーでみかける果物だからこそ、それを見つめることによって、日本と東南アジア、広くいえば第三世界との関係が私たち一人ひとりに直接結びついた問題としてリアルに見えてくるのではないか［1982: 25-26］」という一文にあきらかでしょう。奇しくも、今年は鶴見氏の『バナナと日本人』が発表されて三〇年にあたります。岩波書店によれば、同書は二〇一二年十一月末現在、五十五刷およそ三〇万部以上が流通しているそうです。ロングセラーとなっているのは、視点と手法の斬新さにあるのでしょう。なお、鶴見氏のバナナに関する論考は、氏の没後に刊行された『鶴見良行著作集6　バナナ』（1998、みすず書房）にも多数おさめられています。なかでも、「バナナ・食うべきか食わざるべきか」（1980）、「見えないバナナ―日本とフィリピンを結ぶもの」（1984）、「『バナナと日本人』以後」（1990）の3篇をおすすめします。また、近年、中南米のバナナ問題に関するすぐれた報告があいついでいます。日本語では、以下の二冊をおすすめします。ジョン・H・ヴァンダミーア／イヴェット・ペルフェクト（新島義昭訳）、『生物多様性〈喪失〉の真実』、みすず書房、2010年、ダン・コッペル（黒川由美訳）『バナナの世界史―歴史を変えた果物の数奇な運命』、太田出版、2012年。

参考文献

石毛直道、1989、「昭和の食―食の革命期」、石毛直道・小松左京・豊川裕之編、『昭和の食―食の文化シンポジウム'89』、ドメス出版、9－38頁。

奥村彪生、1989、「戦後の食の変遷」、石毛直道・小松左京・豊川裕之編、『昭和の食―食の文化シンポジウム'89』、ドメス出版、49－57頁。

佐野眞一、1993、『日本のゴミ―豊かさの中でモノたちは』、講談社。

鶴見良行、1982、『バナナと日本人―フィリピン農園と食卓のあいだ』、岩波書店。

原田信男、2005、『和食と日本文化―日本料理の社会史』、小学館。

目次

装幀：犬塚勝一
ＤＴＰ：閏月社

表紙写真　市場でバナナを売る女性（フィリピン・ダバオ市、２００２年）
本扉写真　バナナ畑（スリランカ、２００７年）
第一部中扉　バナナ盛篭
第二部中扉　バナナの花と実
第三部中扉　路上で焼きバナナを売る女性（タイ・バンコク、１９９６年）

第一部　有機肥料から化学肥料へ

こういう思い出があるから今でも

岡田夫紀子《おかだふきこ》さん

昭和十八（一九四三）年、岐阜県岐阜市に生まれる。昭和四十九（一九七四）年、岐阜県山県郡高富町（現在の山県市）に引っ越し、現在も同じ山県市に在住。

❖おいたち

家族は六人で、兄が二人とわたしと妹の四人兄弟。わたしが生まれたときは、家族は柏森町（岐阜市）っていうとこの柏森神社の水道山の下に住んでたんだけど、戦争中で、すぐにその家は、立ち退きって言って、壊されるわけ。戦争で爆弾が落ちて火事になるのを防ぐためにね。

それで二キロ離れた、金華山の下の大仏《だいぶつ》（岐阜市大仏町）へ移って、ずっと住んでたんだけど、戦争がはげしくなったで、高富へ引っ越したの。大仏から一〇キロくらい北に家族全員で疎開したの。そこには、わたしのおばあちゃんの、お姉さんが住んでた。そこは、田舎のおっきなうちで、みんなそこに住んでた。ごはんは、一家族、一家族、別々に作ってたよ。

そこはおっきいお菓子屋さんだったから、床を雑巾がけなんかすると、おばさんがお菓子くれた。駄菓子屋さんで、お菓子いっぱいあったからね。飴やなんかもらったの覚えてる。芋の飴だよ。サツマイモのね。煎餅もサツマイモでできてた。サツマイモを平らにした芋煎餅。カリカリに焼いたる。

戦争の間、大仏の家は、よその人に貸しとったの。岐阜公園の下は戦争で焼けてないから。戦争が終わって、定子さん（母）について大仏へ行って、家に住んでいらしたよその人に「ここの家をのいてください、早くのいてください、わたしたちが入れないので」って言いに行ったの。ほんで、高富から、自分の家がある大仏へ引っ越したの。

❖ニワトリとウサギ

小さいころは、大仏の家にニワトリもウサギも飼ってあった。ウサギは、毎日見て遊んどっただけやよ。ウサギの子ども生まれて、子どもを見に行くと、「ウサギが子どもを食べてまうで、見に行ったらいかん」って親が言ってた。ニワトリは、大きくなると、父が首をきゅっとしめて、くくっといて羽根をむしって焼いて、すき焼きにしたの。生で刺身にして食べてもおいしいよ。まあ、肉は一番鶏肉が多かったわねえ。そして卵「ココココココぽとーん」とお尻からと産むがね。それを食べた。売ったりはしなかった。そんなにたくさんはニワトリがいないもん。二羽くらいかなあ。で、ニワトリはそこら辺のハコベとか食べとったんかなあ。ニワトリの糞を干して、肥料にした。たくさんじゃないから、植木鉢に置いたくらいやよ。

❖魚のあらであらあら丈夫になった

定子さんの実家は、魚屋さんだったの。戦争の前までやってたんだけど、店をやめてからもおじいちゃんは、少しは魚の仕事に携わってたみたいよ。徹明町《てつめいちょう》（岐阜市）に大力っていう魚屋さんがあって、今四代目なんだけど、そこがうちのおじいちゃんの育てた人。丁稚奉公に来とった人の暖簾分けしたとこ。

わたしたち子どものころは魚ばっかたべてた。もらってきた海の魚。魚のあらってわかるかなあ？ 三枚下ろしにして、いいとこはお料理屋さんとか行っちゃうじゃない？ 刺身とかとった後の、骨についた残りの身をとる。それが、あら。貧乏人の話やね。

あらを、塩して焼いたり、骨についた肉をスープにしたりして、食べてた。それで定子さんが「あらあら丈夫になった。魚のあら食べると、『あらあら丈夫になった』って言うんだよ」って言ってた。魚の名前は定子さんがよく教えてくれた。それから、おじいちゃんにもらって、イワシはよく食べた。それに、たまには本物のカニとか魚とかおじいちゃんがくれる豪勢なもん食べたような気がする。冷蔵庫ないで、もらったらすぐ食べる。

❖スイカを冷やす井戸

冷蔵庫ないけど、コップン、コップン汲む井戸があった。買ってきたスイカやなんか、なんでも井戸水で冷やしたよ。大きな井戸の中に、ばけつを逆さにポーンと入れたら、竹でズーっと押さえて、ギューっと沈める。ばけつにひもがついてるから、それをズズズと上げる。ずーっと深い井戸で、「おーい」っていうと、井戸に自分の顔も映る。落ちたら死んでまうやろう。屋根もあるよ。それで、井戸水は、洗濯にも使った。井戸の隣に汲みポンプがあったから。今テレビ[1]でやっとるじゃない？ゴックン、ゴックンいって。夏は毎日、打ち水って言って、井戸水を道路にまいとった。涼しくなるから。

❖料理上手なお母さん

定子さんは仕事に行ってたから、いつもおばあちゃんと八百屋さんへ行ったねえ。おばあちゃんがいつもうちの近くの八百屋さんへ行かれたもんで、わたしもついて行ったの。

料理は、定子さんが帰ってきてするんやね。定子さんは、魚屋さんの子で、お料理もやってたのね。その魚屋さんで食べさせるいうことは、やってなかったけど、仕出し屋さんていうか、魚焼いたり、ごちそう作ったりもしてたのね。だから、お料理は上手なのね。

定子さんは、ミルクセーキとか、マヨネーズとか、きな粉とかも自分で作ってた。お盆は、いっつもミルクセーキだった。牛乳と白い卵とサイダーを泡だて器で混ぜる。あれがものすっごいおいしかったね。きな粉は粉砕機って言って、大豆を炒って上から入れて、手で回すと粉が出てくる。きな粉はよくごはんにかけて食べてた。塩と砂糖とちょっとしてね。お砂糖もすこしあったと思うよ。そして鰹節もいつもかんなで削って、ご飯にかけてお醤油をかけて食べてた。猫まんまっていうのかな。

家で食べてたのは、麦が入ったご飯だった。麦がたんと入っとると、黒いんやわね。麦半分、米半分だから、半麦飯。小学校のころは、お米のかわりにうどんも多かったねえ。代用食やったねえ。それとか、うどん粉に砂糖入れたお焼きを食べた。粉と水と砂糖だけ。卵も入れないし、中身はなんにも入れない。

あとは、食べるものがないときは、定子さんがキュウリやナスや白菜をたくさん買ってきて、塩漬

▼1　テレビ　NHKの平成二十四年度前期連続テレビ小説『梅ちゃん先生』のこと。二〇一二年四月から同年九月まで放映された。

けにしたりとか、それをまたお醤油に入れて、保存食ね、漬物だわね。そういうのとか、サトイモと、大根の千切りを干したのを煮て食べたねえ。芋が多かったね。金華山登りにも、サツマイモ蒸して持って行ったたから。

❖うどん粉カレーライス

カレーライスだって、昔はほとんどうどん粉ばっかやったでね。今みたいにルウがないから、カレー粉入れて。高さ五センチ、直径三センチくらいの缶に入ってた。蓋をパカンと開けるのだった。ものそん辛い、辛い粉やったよ。色は今みたいな色やったけど。うどん粉と水をフライパンに入れて、カレー粉を入れて、バターかマーガリンを入れてやってくれたんやと思うよ。カレーライスの具は、玉ネギ、ニンジン、ジャガイモ。お肉や魚はあんまり入ってなかったと思うねえ。お肉が入っとってても、豚小間くらいやわ。どろっとかけてまうと、「あ、これはお肉のカレーやわ」ってことはわからんわ。でも、おいしかったし、好きだった。

❖年中行事とごちそう

お正月は、お雑煮、おもち、黒豆、たつくり。黒豆とたつくりは毎年食べてたねえ。それで今も作るの。たつくりは、定子さんに教えてもらったの。黒豆は小林カツ代の本で読んだ。だって子どものころは、竈《くど》で火たいて、黒豆を炊いてたんやでねえ。そして、岐阜祭りのときには、毎年四月四日は五目御飯で、五日がおこわ。それで、お盆にミルクセーキ。大みそかは、そば食べた覚えがないなあ。小さかったころ、食料がなかったころは、そばなんか食べたことがなかった。

❖東京のシュークリーム

子どものころ、東京のおばさんがね、シュークリームを一回持ってきてくれたことがあった。それを食べたらね、すっごくおいしいの。小学校一年生ぐらいやわ。そしてね、ミルキー。今から言うとミルキーやけど、そのころはなんかわからんよ。紙に包んで、となりのおばさんがくれてね、「お～いしいね。どこで買ってきたの？」って定子さんが聞いてね、「伊奈波神社のそば」って（岐阜県岐阜市伊奈波通り）。あっちの方は栄えてたから。お菓子屋さんで買ってきたって。

❖一日三円のお小遣い

小学校一年生のとき（一九五〇年）は、一日に三円もらってた。今は親がスーパーで飴買ってきて、「ここにあるで、食べやあね」ってできるけど、家に何もなかったから、駄菓子屋さんに買いに行った。飴一個一円やで、三個買えた。煎餅も三枚くらい買えたと思うよ。そして、一円のくじ引きがあった。五円当たることもあった。数字を書いた紙がくるくる巻かれて、台紙に貼ったるの。まわりに「何々が当たるよ」って書いてあるの。それでおばあさんにお金渡して、ぐっとひいて二なら二円もらえる。0はなかったと思うよ。一円で一円以上のものが当たるんやわね。そして、そのころは、五〇銭っていうお金があった。五〇銭の飴なら、一円で二個買えるでしょ。お小遣いは二円のときも三円のときもあったけど、お友達と買いに行けるで楽しかった。

そして、ガム。風船ガムは、噛んで、噛んで、噛みからかして、竹の棒につけて、ふーっと膨らますの。それをまた食べるの。そして、近所でねえ、農家やってる人がねえ、麦を干してたの。大麦だと思う。その麦を口に入れるとガムになる言って、黙ってちょっともらって、口に入れて、噛むの。

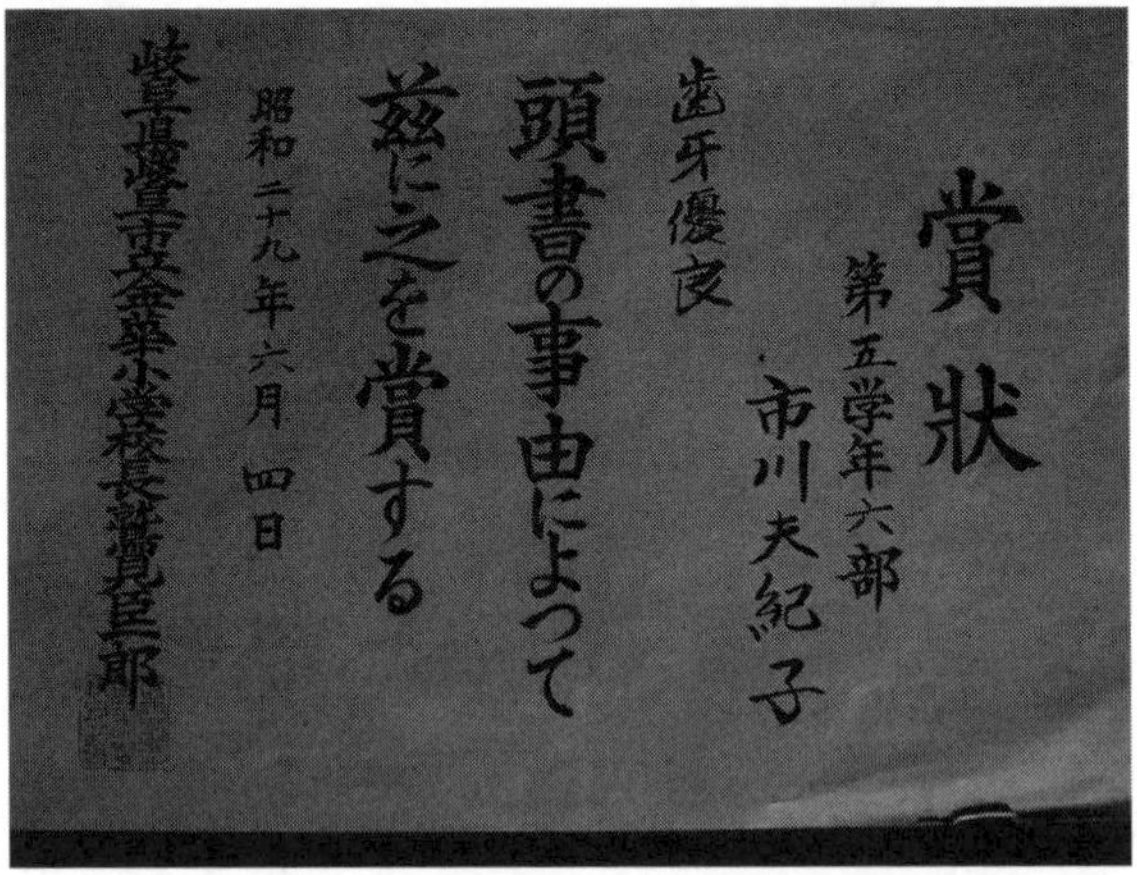

写真１：固い食べ物と歯の健康　岐阜市立金華小学校歯牙優良児表彰状（1954年）

そうするとねえ、白い汁が出るの。粘りがあるの。それを噛んでるとね、「ガムになる、ガムになる」言ってね、みんなで噛んどった。

だいぶ大きくなってから、大仏の家のお向かいの人が結婚式をやったのね。ほんでみんな行くと芋煎餅をバラでもらえたの。袋なんかにいれてない。五枚か一〇枚くらいもらうと、すごくうれしかった。近所の子とバリバリ食べた。その日に全部食べた。外でみんなとしゃべって食べるの。

❖金華山のおやつ

金華山で毎日遊んどって、金華山走り回った後に、いつも藁やなんか集めて外でたき火をして、サツマイモも焼いたり、地芋《ぢいも》▼2焼いたりしとった。お兄ちゃんたちと一緒やで、お兄ちゃんたちがやってくれるの。

それと、金華山でシイの実拾って、炒っておやつに食べたわ。塩も何にもつけない。歯でちょっとやって食べるんだけど、シイの実は、下が黒いね。大きくないよ。ドングリよりうんと小さいから。シイ

▼2　地芋
サトイモのこと。

の実とか、いつも食べてたのは唐豆《とうまめ》。唐豆って、空豆ね。空豆を乾燥して、炒って食べてた。小学校五年生のとき、歯の優良児に選ばれたんやけど、唐豆や蒸鰯《むしいわし》やスルメなんかの固いもん食べとったでやと、思うよ（写真二）。

❖海苔なんて、贅沢品

遠足のお弁当は大抵にぎりめしとゆでたまご。殻付けたまま。小学校六年生のときに修学旅行に行ったときに、ゆでたまご持ってったじゃん。むいたら青かったの。硫黄で青くなるじゃない。次の日だったもんで、これは腐っとると思った。お弁当は二日分持ってって、次の日も食べるんだよ。おにぎりはまあ梅干しだわ。海苔は今みたいに巻いてないよ。二センチくらいの幅で帯みたいに巻いたるだけで、今みたいに、がばっと大きなのは巻いてないよ。中学校のときの遠足は、巻寿司か揚寿司[3]やったね。揚寿司のほうが簡単で安いわ。巻寿司は、ごちそうやったよ。ニンジンやホウレン草を煮て巻いたねえ。砂糖と塩だけで煮ればきれいやわね。卵と、黄色と赤と緑で。干瓢もやったけど、戻さならんで、なかなか面倒くさいでねえ。今は煮たのがあるけれど。

海苔の話なんだけどねえ、わたしが六年生ごろのときにねえ、定子さんが天ぷらをしたのね。定子さんは、天ぷらは栄養があるからってよく作ってたの。ほんで、実家が近いもんで、おじいちゃんのとこに、レンコンの天ぷらをして持ってったの。そしたらおじいちゃんが「おお、今日のてんぷらは海苔が巻いたるか」って、レンコンが黒いから。食べたら「海苔が巻いてないやないか」って言ったの。帰ってって、定子さんにそう言ったら、「海苔なんかないで、レンコンの皮がむいてないから黒いんだよ」って言った。そのころ、海苔なんて贅沢品で、なかったんだと思う。

▼3　揚寿司
いなり寿司のこと。

❖悲しかったし、おなかがすいた

小学校には、子どもが二〇〇〇人もいたんだよ。六年生のときは、一クラス五十三人で六組まであった。プールがあったけど、混みこみやで、「川のこっからここまでで泳ぎなさい」って決めたった。川から出たら、このパンを食べようと思って着がえに隠しといて、出てきたらパンあらへんかった。みんなお腹すいとるで。配給っていって、バスの切符みたいなの持って行ってもらったコッペパン。そんな時代やったで、大体誰が食べたかいうことはわかるけど。悲しかったし、子どもの足で三〇分くらい歩いて帰るで、おなかすいたけど、親が「仕方がないわ」って言った。

❖「今日は一〇〇匹、取れました」

小学校では、毎日走らされた。誰が何週走った、今日は全校で何キロ走って、地球一周になったとか言ってて、毎日、毎日走らされた。「健康になりましょう」言って。「とにかく健康にならないかん」って言って走らされた。

学校から帰ると、はいたたきもって、八百屋さんへ行ってハイ（ハエ）を叩く。箸かなんかでつまんで拾ってマッチ箱の中へ入れて、次の日学校へ持ってって焼くの。「今日は一〇〇匹、取れました」、「二〇匹、取れました」って朝いうの。誰が何匹とったって友達が書くの。わたし、あんまり取らへんなんだ。いっぱい取ったからってなんにもないけど、「だれだれさんが、一〇〇匹、持ってきました」って、「あんたは一〇匹やった」って言うんやろうね。毎日それ。それが嫌だった。八百屋さんにハイがいっぱいおるんだもん。そりゃそうやわねえ、便所がそのまんまなんやで。それは小学校五、六年まであったかなあ？

❖おかずは、白い飴

小学校の給食には、脱脂粉乳とパンが出た。アメリカから輸入した脱脂粉乳。給食のおばさんが作ったんだよ。脱脂粉乳って、たぶん塩が入ってたと思う。パンは、食パンみたいなときもあったし、コッペパンのときもあった。あんまり固くない。おいしかったよ。だって食べるもんがないんだもん。それと、白い飴がでた。それも芋飴かな？　しばらくしてから味噌汁もでたんかなあ。ハムも出たことあったみたい。食パンと一緒に。そして、毎日アルミニウムのお皿とコップと袋に入れて持ってった。ほんで忘れてくると次の日、くっさいの～！　忘れてくると、腐ってるじゃない？

❖鯨を飲んだ

三年生くらいのころ、一クラスだけ養護学級があって、わたしもそのクラスだった。なんだか軟弱でやせてたからだと思うけど。そこで肝油を一個ずつもらって食べていたことがあった。直径一センチ五ミリの厚ボタンみたい。あれは鯨からできていたかもしれない。表面は少しザラザラして砂糖が解けて乾燥してた感じ。白っぽい黄色かな。わたしは好きだった。噛むと少し硬いゼリーみたいで、ねちゃっつく感触。とにかく体にいいと思って飲み込む感じだった。名前からして油だと思ってたよ。ほかのクラスの子は飲んでないかも。次の年からはそんなクラスなかったし、一時期だけで、何年も続いたわけではないね。

ほんで鯨の肉は、大きくなってから出たような気がする。五年生か、六年生くらいに。人差し指くらいで刺身みたいに切ったった。生じゃないよ。ベーコンじゃないよ。コロコロで、醤油つけて焼いたる。塩漬けは、わたしは食べたことない。鯨は、八百屋さん行くと売ってた。魚売り場に。肉屋さんなんてなかったもん。今のマグロの柵くらいの大きさで、赤かったよ。

中学のときに、自分は弁当に鯨を入れてもらったことがあった。醤油につけて焼いたったと思う。前の晩からか漬けとくんやん。たくさんじゃないから、人差し指の半分くらいのが、ちょろちょろっと入っとるだけや。たくさんもらええへんで、おいしかったよ。食べるもんないからおいしいわ、お肉なんて。牛肉よりは硬かったよ。

❖原爆マグロ

鯨をなんで食べんくなったかは、そのときはわからんけど、お店で売られなくなったら、食べない。マグロやったって、昭和二十九（一九五四）年に第五福竜丸[▼4]が被爆したときやったかな。マグロは原爆あたっとるって、絶対、食べえへんなんだよ。お店からマグロなくなってまったで、食べえへん。

原爆マグロのときは、ムツっていう魚を食べとった。ちょっと脂っぽい白い魚。切り身で売っとったよ。最初から切ってまったるで、どんな形で、どんな顔して、大きい魚か、小さい魚か知らないの。おいしかったなあ。甘辛に煮て食べた。

昭和三十二（一九五七）年、中学生のころに、サンマの缶詰を食べたわ。五、六センチくらいかなあ。縦に詰めたったような気がする。味付けは、醤油と砂糖かなあ。とにかく、買ってきてすぐ食べれるで、世話がなかったわ。もちろん、骨も丸ごと食べたよ。おいしいなあと思った。缶詰は上手に煮てあるからねえ。

北海道のイワシもよく食べた。わたしが中学生のころ、一番上のお兄ちゃんが自衛隊で北海道行ったの。六歳違うでねえ。それで、北海道のイワシをいつも送ってくれて、焼いたり、煮たりしてよく食べた。

▼4　第五福竜丸
ビキニ岩礁にて、アメリカ軍の水素爆弾実験による放射性降下物を被った、静岡県焼津港船籍のマグロ漁船。

❖火曜日は電休日

電気は、電球やったわ。早く寝るとか、あまりつけないようにするとかはしなかったけれど、戦後の小さいころは、火曜日は、電休日って電気が休みの日があった。火力発電か水力発電か知らんけど、電気がないで、電休日。停電もよくしたよ。突然、停電になるんだよ。だから、電気製品はそのころはあんまりなかったねえ。

❖節資源、日向水《ひなたみず》

家は街やったで、お風呂もずっとなくて、銭湯にいつも行っとった。お風呂は一日おき か、二日おきやったねえ。みんなで歩いてくの。銭湯の隣が電気屋さんやったもんで、テレビがないころは、お風呂の帰りか、行きに、電気屋さんでみんなが立って見とった。

夏は、日向水って言ってねえ、バケツに水を汲んどいて、お日さまに当てとくの。お日さまに日中当てとくと、温かくなるやん。それで、湯を沸かすに燃料の薪が少しで済むの。それを御釜で沸かして、たらいのなかに入れて、代わりばんこに、そこで行水したの。そうやって、夏は銭湯に行かない日もあった。

隣の家には薪で焚くお風呂があって、入れてまったことがある。うちはずっとお風呂なかったねえ。昭和三十七（一九六二）年ごろにお風呂、作ったかなあ。そのお風呂はガスやよ。ひねって蛇口からじゃーっと出てくるんやよ。水汲みに行くんやないよ。

❖ぐるぐる、びちゃびちゃ、ぎゅー、ぺっちゃん

疎開先では、川で手で洗濯しとったよ。で、その川へジャバーンと落ちたことがある。大仏では、井戸で水を汲んで洗濯板で洗濯してた。定子さんが「手伝って」言ったら、自分は水汲んだりしとったよ。

昭和三〇年代のなかごろやねえ、洗濯機買った。洗濯機が来たときに、グルグル、グルグルいうのにみんなで珍しがって、ふたを開けて見てた。洗濯機買ったら、そりゃ親は楽になったんやろうねえ。それまでは、一回、一回、ビチャビチャのを手で絞るのがめんどくさかったわねえ。洗濯機は、洗ったあと、ビチャビチャの洗濯物を、ローラーに挟んでギューっと伸《の》すと、ぺっちゃんこになって出てくるのだったの。

毎日、毎日みんなが働きに行って、給料安いし、お金ないし、学校の月謝も払わならんし、スーパーないし、着るもんもいっくらでも売っとらへんし、そら洗濯機があるということは、楽になったんやろうねえ。

❖大八車のおじさん

小学校のころ、お百姓さんが、大八車に野菜を積んで、持ってきてくれて、ほんで人間のうんちやおしっこを汲んで、それを持って帰ってた。トイレは、ドアがあって部屋になっとってね、木の床に穴があいとって、下に甕があったの。こぼれるといかんで、甕がいっぱいになる前に「来てください」ってはがきを出すの。どれくらいの周期かは知らん。

でも、はがきをださなくても、この人は定期的にくるわけよね。おじさんが来て、木の床板をパ

ターンと開けるの。それを長〜いひしゃくでくんで、桶に入れるの。大便と小便と別々にあったから、たぶん、おじさんの桶にも別々に汲んだんだろうね。帰りは桶のなかが、チャップン、チャップンして、こぼれてまうで、コメの藁を束ねて桶のふちに巻いて、チャップン、チャップンしないようにしてた。

この人は、それを持ってって、野菜にかけたり、稲にかけたりして、藁も肥料にして、育てる。お金は払わず、物々交換やったよ。大根やニンジンを持ってきてくれたみたいよ。わたしが中学校行くころも、田んぼのなかに甕がいけたって、そんなかに大便や小便がたまっとるの。雨も入る。そこからおじさんがひしゃくで汲んで桶に入れとったの。

わたしのおばあさんは、本町（岐阜市）に住んでたもんで、わたしが物心ついたころから、水洗トイレだったし、ガスもあった。そこは電車道だし、栄えてた。八百屋さんもあり、魚屋さんもあり、茶碗屋さんもあり、栄えとった。わたしたちの住んでたところは、電車もとおってないし、今でも何にもないでしょう？　で、水洗便所にしたのは、わたしたちの街では、自分が二〇歳くらいのときかなあ。そーらうれしかったわ。タイルでキチーっときれいだもん。そらあんな嬉しいことはないわ。

❖調理実習

中学校では高校行くか行かないか決めて、高校行く子は英語をやって、行かん人は家庭科をやった。そして自分は高校行くつもりやったで、英語をやったの。中学校の家庭科で料理教室なんてなかったと思うよ。ズボン作ったり、編み物したり。

高校は、保育科に行ったの。高校では栄養学あったよ。調理実習とかやったよ。でも、今みたいに健康はどうのこうのとか、そういうことは言わんかったねえ。

❖保育士の国家試験

高校三年生の十一月に、一年生のときの担任の先生にデパートでぱったり会って、「あ〜れ〜、久しぶりやねえ。あなた就職決まった？」って先生が言ったの。「まだ決まってないんです」って言ったら、「あなた保育所へ行くの？」って。保育士の国家試験は三月だから、まだそのとき合格するかわかってなかったの。でも、みんなぼちぼち私立幼稚園に決まってるけど、私立はえらいし、給料安いから、わたしは公立へ行きたかったの。「岐阜市立へ行きたいから、まだ決めてないんです」って言ったら、「うちのだんなの会社へ来てくれない？　何にもできなくてもいいけど、事務員へ来てくれない？」って先生が言ったの。わたしは、「家で相談します」って言ったの。

そのころ保育科だったから、もう実習に行ったり、ピアノやったりしてるでしょう。でも、相談したら、定子さんが、「幼稚園の先生もなかなかえらいし、責任があるし、事務員なら事務員でいいよ。もし行きたかったら、そっちへ行ってもいいよ」って言ったの。

そこの会社は、タイプでもそろばんでも活かせるし、わたしは子どものころから、そろばんが得意だったから、行こうかなあと思って。そろばんは子どものころから習ってたけど、そこの会社へ行くことになってから余計習いだした。そして、面接に行ったり、作文書いたりして、会社の試験に受かったで、冬休みになったら、すぐその会社へ行ったの。そして、そこから保育士の試験を三月に受けに行ったの。会社は休ませてもらって。そのころ、保母さんになると、給料は資格のある人は一二、〇〇〇円で、資格のない人は九、五〇〇円。昔は保母さんは、資格がなくても、勤めながら三年間の間に取ればよかったの。一年に二回試験があって、六回のうちにとればよかったの。

❖もし旦那さんが亡くなったら

　会社へ行くようになってから、四年間、帰りに洋裁学校に行って、自分の服は自分で作った。で、そこの院長に旦那さんがなかったこともあって、「もし旦那さんが亡くなったら、手に職がなけらないかんで、みんな洋裁を習いなさい」って。昭和三十七（一九六二）年かな。そのころ服が今みたいにいっぱい売ってなかったから、いつも着るスカートや服は自分で作って、よそ行きは洋裁のできる人とか洋裁学校の先生に作ってもらってた。

❖目玉焼きのこだわり

　会社で毎日、卵一個と味噌汁一杯、出てたの。生卵だよ。それで現場の工場の人は、丼に味噌汁をもらって、卵を丼のなかに入れて、食堂みたいにダーっと広い所で食べるの。わたしらは、事務員やったもんで、事務所で食べてた。毎日、その事務所の人の卵を、七人分くらい、わたしが目玉焼きに焼くの。食堂の隣の炊事場で、その目玉焼きを焼いて、お皿に乗せて、味噌汁と事務所まで持ってくの。それでねえ、その目玉焼きを、「あなたは醤油がいい？」「あなたは黄身をつぶしたほうがいい？」って覚えるのね。あの人は醤油で、あの人は黄身をつぶして裏返したやつって覚えるの。新入社員が。高校出て十八歳のころ。

❖おいしい福利厚生

　会社の決算のときに十二時まで残業してると、ラーメンとかお寿司とか焼きそばとかとってもらえたの。それがすっごく嬉しかった。外食って、あまりしなかったから、お金払わなくても、ラーメン食べれるのがうれしかったねえ。

　会社でお正月とかに、みんながお酒飲んだときに、まるっぽのキュウリにハムを巻いて、がりっと食べるのが出た。それをみんなが食べて、ビールなんか飲んで、わいわいやっとったけど、そのときに「えー、こういう食べ方もあるんだあ」って思った。ハムがいいハムだったの。珍しかったこと覚えてる。まあるいハムで、ロースハムみたいな感じだった。家で食べるより高級品のハムやった。ハムは、普段から家ではあんまり食べなかったし、そこで出たキュウリに巻いたハムは食べたい放題だったで、「え、こんなにおいしいの」って思ったよ。

　その会社はすごく景気が良かったもんで、勤労感謝の日に、牛肉とお酒一本もらえたの。牛肉五〇〇グラムくらいかな？　お酒は、一合瓶だったと思うよ。四年勤めとったで、四回だよ。それを持って帰って、その晩に「お父さん、これ働いてきたでもらってきたよ」って、お父さんにお酒をあげて、すき焼きをしたの。糸こんとネギとかまぼこと。いいお肉やったよ。それがね、すごく貴重だったの。家貧乏やったで、やっぱり牛肉はお正月しか食べないから。

　そんな会社あんまりなかったねえ。そのかわり、その会社は厳しかった。とにかく遅刻したら五〇〇円ひくって言ったの。そのころの給料がまだ一二、〇〇〇円やったかなあ。

❖結婚

昭和四十一（一九六六）年に、わたしは高富《たかとみ》の人と結婚したの。ひいおじいちゃんとひいおばあちゃんが、高富の人で、高富にご縁があったの。そのときに、会社は辞めたの。

　警察官のお父さんと結婚して、はじめの一年ぐらいは岐阜市にある借家やった。お風呂はなくて、すぐそばに銭湯があった。

❖共同電話

そして、官舎の警察アパート（岐阜市大福町）が空いたで、入って、八年おった。そこにも表に井戸があった。電話は、共同電話で二階の人が電話機一台持ってて、四階まで向かい合わせで八軒共同でその電話を使ってた。それで、二階の人が交換手みたいになって呼んでくれるの。「もしもし、岡田さん呼んでください」ってかかってくると二階の人が、「岡田さんの旦那さんか、奥さんか」って聞く。二回リーンリーンってやると、岡田さんの家がリーンリーンって鳴る。二回鳴るとお母さん、三回鳴るとお父さんって決めたったで、「あ、わたしが用事やわ」って行くの。三回鳴ったら、お父さんが行く。

それをずっとやってて、うちは八軒で一番に電話をひいた。「電話をひきました」ってみなさんにはがき出したの。お米屋さんに電話すると、アパートの部屋まで持ってきてくれて、電話代一〇円返してくれたよ。

わたしが会社に勤めてたときは、家に電話がなかったもんで、会社で電話を受けるのがすごく嫌だった。リーンとなると、「うわ、だれかとってくれないかなあ！」って思ってた。でも、注文受けならんでしょう。だから、「『初めてだから、ゆっくり言ってください』って言って、取りなさい」って会社で言われた。自分の家になかったときはそういうもん。大仏にいたときは、近所の本田さんっていうとこに、電話があったから、本田さんが呼びに来てくれたら、そこまで走って行ったの。本田さん家からかけることはなかった。

公衆電話は岐阜公園とか伊奈波神社の近くにあったねえ。公衆電話は、緑やったかねえ。ガラス張りではなかったような気がする。電話ボックスが、今みたいなきれいなのではなかった。なかもあんまり見えないような感じだった。公衆電話は、市内は一〇円で三分、もっと遠いところはもっと時間が短かった。昭和五〇（一九七五）年ごろ、電話局が、砂時計をくれたわ。「三分一〇円です」って。家庭で長くしゃべっとると、一〇円を超すがね。「これで三分ですよ、三分以内なら一〇円ですよ」っていう目安にもらえたの。

❖一台の自動車

警察アパートに電話が引けて、次に自動車を買った。そのときも、わりかしご近所でも早く買った。お父さんは、仕事ではじめ白バイに乗ってみえたで、家でもずっと単車に乗ってた。免許があっても車買えないから。そして、昭和四十五（一九七〇）年に車を買った。今でいう軽四のスバルか、ダイハツやったかなあ。そして、昭和四十七（一九七二）年にわたしが免許を取ったけど、車は一台しかないで、お父さんが乗ってた。わたしは、日曜日しか乗れないの。免許書き換えのときも、車ないから、自転車で行ったぐらい。

❖洗濯雨漏り

結婚するときに、お父さんが下宿してたから「洗濯機を先に買うわ」言ったで、「なら買やあ。まあ、わたしはお嫁に行くときに洗濯機持ってかへんで」って言ったの。「どんなの買った？」言ったら、「ローラーで絞るの買った」って言ったの。そのときにもう二層の自動が出てたの。自動の脱水は、ビチャビチャのを移して、遠心分離の機械がグルグル、グルグルと回《ま》う。それで「自動のに変えてまってりゃあ」って言った。それで、二層の自動脱水の買ったけど、ゆすいどる水の止まるのはなかったね、まだこのころ。

今の洗濯機は、全自動で水が止まるけど、そのころのはゆすいどる水が止まらんのだわ。で、忘れてまって止めにいかへんとダーダー、ダーダー漏《も》りるんやわ。警察アパートは、四階あって、四階の人が止めるの忘れると、一階まで雨みたいにポトポト、ポトポト水が落ちて、ビチャビチャになるの。四階の人が、もしやっとったら、三階の人が行って、「ねえねえ、止めてください」言うの。雨みたいに落ちてくるで、四階の奥さんが「ごめんなさいね～」って謝りに来るの。自分は二階に住んでても、そういう風にやったことはないんだけど、そういうことがよーくあったわあ。

今のは、すすぎが終わったら水が止まるじゃない？　ぴたっと。そういうのがなかったときは、すすいどるときにホースで水を注いで、ガーガー、ザーザーゆすぐでしょう。時計見るんじゃなくて、すすぎの音が、ガーと回るのが止まるがね。それで、水道の蛇口を止める。ほかごとしとるもんで、それを忘れてまうの。ゆすぐのは止まっても水道を止めにいかないから、雨みたいに、タッタカ、タッタカと次の部屋へ落ちてきたんやん。それで「しまったー！」と思ったってもう遅いわ。ポトン、ポトンと雨みたいに落ちるんやで。そのかわり、廊下にある洗濯機の上で、お部屋のなかへは落ちへんよ。上が洗濯機置いたったら、下も洗濯機置いたるんやで。おなじ間取りだから。そして、アパートから引っ越した先でもまだそんなのやったと思うよ。昭和四十七（一九七二）年に、まだ使ってたと思うよ。そして、それが悪なってから全自動のを買った。

❖氷の柱で音楽会

結婚当時の借家は、水クーラーだったけど、警察アパート行ってからは、普通のクーラーだった。アパート二階やで、暑いで、子どもがおるで使っとったよ。

昭和三十八（一九六三）年くらいかなあ。そのころは、観劇会とか音楽会とかに夏、人が集まるときは、氷の塊があった。クーラーのかわりに氷の柱があった。それに触ると涼しいし、あっちにもこっちにもあるから、そこの空気がなんとなく涼しい。少しずつ融けていく。三〇センチ四方かなあ。あちこちに立ってたよ。「あ、あそこにも氷がある」って言って、ちょっと触ったりして。

❖はじめての食べ物

インスタントラーメンは、昭和四十三（一九六八）年か、四十四年のころ、子どもが幼稚園ぐらいのころだったかなあ。子どもに食べさせてたよ。珍しかったから。出前一丁をよく食べさせてたよ。おいしかった。いつも電話呼んでくれる奥さんが「食べさせやあ」言った。わたしより年上だったから。

それから、茹でるレトルトの今みたいな冷やし中華なんかもでてきて、もう一人の奥さんが「これ食べさせやあ」って。はじめて冷やし中華を作って食べたとき、お〜いしかった。今みたいにトマトやキュウリやハムを乗せたよ。おいしかって、定子さんに作ってあげたことを覚えとる。

はじめてピザを食べたのも覚えてるよ。昭和四〇（一九六五）年過ぎたころかなあ？　新岐阜駅の近くのお店にピザを食べに行ったの。「あそこのお店がピザ焼くで、珍しいで行こう」ってみんなで行ったの。そしたら、裏が真っ黒で、あんまり食べれなかった。まずかった。「うわあ、こんなん、裏、焦げとるじゃん」って思ってたけど、黙って食べてた。カリカリだったよ。

❖出前のお寿司

お父さんが泊まりのときは、「今日はお寿司を食べようか」とか言って、お寿司とって食べとった。お父さん、あんまりお寿司好きやないし、泊まりだから。警察アパートは、すっごく大きい団地やで、スーパーもお寿司屋さんもあった。頼むと、かっこいいお兄ちゃんが持ってきてくれた。階段トントントンと上がって。ネタは今と変わらなかったねえ。もう昭和四十四（一九六九）年くらいかなあ。あまり外食はしなかったねえ。お金もなかったし。

❖卵とバナナはお見舞い品

卵とバナナはお見舞い品やったで、バナナは、人にお見舞いにあげるときに買ったと思う。二本か三本ぐらいやと思うよ。お見舞いにもらうか、買って持ってくかで、自分に買って食べたことはない。今ほどたくさんなかったもん。旅行行った先のお土産でも売ってなかった。デパートのデザートでも食べない、食べない。バナナなんて高いで。たまに八百屋さんに並ぶ感じかなあ。季節がいつだったか、夏だったか、冬だったか、覚えがない。バナナの印象ってあんまりないね。八百屋さんに売ってたけど、いつもじゃない。

今みたいな色や形やったよ。でも、包んでなかったよ。今、包んであるでしょう。あんなラベルも貼ってないよ。

バナナ、子どもに離乳食としてスプーンですくって食べさせたことは覚えてる。昭和四十二（一九六七）年ごろかな。でも自分は、今みたいに一本丸かじりでパクパク食べない。子どもの栄養やで、食べさせた。まだそのころ、高かったと思うよ。もちろん、自分たちも、長女がうまれる前に食べたことはあったよ。でも、お父さんが農家の人やで、バナナなんかそんな高いもん買わない。柿でも高富でなれば、もらったりとかそういう風にしてた。まあ柿が多かったわねえ。安くて食べれるもん。そら子どもにだって、バナナよりリンゴの方がたくさん食べさせたと思うよ。

昭和四十八（一九七三）年か、四十九（一九七四）年ごろに、ジューサーとミキサーと付いたのを買って、珍しいうちはやっとった。そのころになってバナナジュースとか、リンゴジュースとか作って飲んどった。

❖再就職

高富のおじいさんやおばあさんが「こっちいりゃあ」って言やあたで、高富に引っ越したの。家建てる土地がそこしかないから、そこにわたしらが借金して建てた。

高富へ来て、家建てたから、お金がないじゃない？　長女が小学校二年生で、次女が幼稚園の年中のときに、役場がパートを募集しとったの。で、税務課に入って、そろばんやっとったの。で、そこで六ヵ月働いとったら、「誰か、保育園の資格持ってる人いない？」って言い出したの。で、「わたし持ってるんですけど、やったことないんです」って言ったの。「資格はあるんですけど」って言ったら、「本当に資格があるのか」って、課長が県庁で調べたの。そしたら「本当にあるで、おまえ行け」って言ったの。わたし、なんにもわからない。やったことないしさあ。でも、「まあ実習とか、勉強はずっとしてきたし、ピアノはやれるし、まあ行こうかな？」と思って行ったの。

高校卒業したときに、保育士の資格とっといたでよかったわ。それで、中部保育所にパートに行ったの。そこで働いて六ヵ月経ったときに、お友達が「こんなとこにおったってなんにもならんよ。時間給だから」って言ってたの。「どっか堅いとこへ勤めないと、ここではだめだな」と思ったの。本採用してもらえないし。安定してないじゃないね。「安定してないから、こんなとこは、やめます」って言ったら、本採用してくれた。それが三十二歳のとき。それから子どもほったらかしやん。

昭和五十五（一九八〇）年ごろかなあ、二台目の車を買ったの。中部保育所は近かったで自転車で行ってたけど、保育士は転勤があるでしょう。

❖イナゴとツクシ

保育園でイナゴもツクシもとって食べたよ。イナゴとって、新聞で作った袋に一日入れて、何も食べさせずにしとくと、なかでピョンピョン、ピョンピョンして糞をしておなかがきれいになる。そして生きたまま熱いお湯のなかへたっと入れて、消毒した。そういうやり方。翅と飛ぶとこの足、太いのを全部取って、そして、甘辛に煮る。そんな何匹も食べれなんだけどねえ。おいしかったね。イナゴおいしいもん。

ツクシは取ってきたら、園児もみんなで袴をとって、そして水にさらして、茹でる。そうすると胞子のところきれいになるし、消毒もできるから、水にまたさらして、甘辛に煮るの。家なら卵とじとか、ホウレン草にちょっと混ぜたりやけど、保育所では卵入れなんだと思うよ。甘辛に煮ただけやよ。だって、それは給食のカロリーのなかに入ってないでしょう。

❖保育園のおやつ

保育園ではわたしが平成九（一九九七）年にやめるときも、ずっとおやつに脱脂粉乳飲ませとったねえ。給食の時間には飲ませとらへん。三時にちょっとしたお菓子と、脱脂粉乳。飴と脱脂粉乳。ビスケットと脱脂粉乳ってちょっと出ただけ。脱脂粉乳がまずくて飲まない子がいたわねえ。鼻つまんでねえ。わたしら先生は飲んだことないけど。

それから、保育所のおやつに、メロンが出るようになったねえ。スイカは昔からあったけど、メロンは昔はなかった。「（♪～）地べたの中から転げ出た野菜のにおいは素晴らしい、メロンは西洋の味がする」って歌[▼5]があったぐらいだよ。

▼5　メロンは西洋の味がする」って歌
北原白秋の童謡集『月と胡桃』（東京梓書房、一九二九年）に収録された「野菜」という詩。

❖保育園の給食

そら給食もだんだん変わってったんやわねえ。昔ブロッコリーとか食べなんだけど、給食にブロッコリー出たりしたでね、だんだん。給食も味噌汁とかうどんが多かったわねえ。焼きそばもよく出たし、家でもよくしたねえ。ごはんは持ってったね。いつも、いつもごはんは持たせたねえ。そして、だんだん贅沢になってバイキングもやったわね。誕生会に。ウインナーとかフルーツとかね。

保育園でバナナって出たかね。あんまり出ないと思う。出ても、半分ずつも出ないよ。四分の一ぐらいだよ。

ニンジンはうどんのなかにも、カレーのなかにも入っとったわねえ。カレーライスは特別な日だけ出たよ。保育所の給食でカレーとかシチューとか出て、自分が食べてたから、家でも作るようになった。給食のおばさんが「こうやって作りゃあ」言って作ったんだと思う。

❖はじめてのバイキング

昭和五〇（一九七五）年ごろに柳ヶ瀬にはじめてレストランにバイキングに行った。それがどんな料理だったか覚えてないけど。「わあ、こうやって自分でとってきて食べるんだあ」と思った。楽しかったわ、食べ放題やで。取ってきて食べるんやで、お店の雰囲気も楽しかったわ。そのころはもちろん、おいしいものいっぱいあったよ。あったけど、自分で取りに行くお店はそんなになかった。「なんという贅沢かしら」と思ったもんだよ。好きなものを好きなだけとってきて食べるだけでしょ。嫌いなものは食べなくていいでしょ。

❖とにかく一生懸命作った

お父さんが夜勤明けで帰ってみえるときは、わたしが仕事に行ってまうもんで「これとこれと、お昼に食べなさいよ」って机に置いといた。まあ冷蔵庫もあったし、炊飯器で保温もできるし。炊飯器も、昔はタイマーで炊けなかったねえ。タイマーがないころは、朝、一日分炊いとった。タイマーと保温は、たしかに便利やと思う。

夕飯には、魚焼いたり煮たりして、サバとかそういうもんを食べてたねえ。そう高い魚は食べえへん。タイが高かったねえ。でも今、タイ安いよねえ。レンコダイとか、いろいろあるねえ。タイ、塩焼きにするとおいしいで、今はよく食べるよ。

結婚してからは、わたしたちは鯨なんて全然食べてない。でも、長女の小学校の給食には出とったみたいよ。家庭で食べなかったけど、スーパーには売っとったと思うよ。ペチャーンとした魚の切り身みたいな赤いのが。ベーコンは売ってなかった。

お父さんは、あんまりお弁当持ってってなかったね。でも、持ってく日は、お正月やなんかは二食作った。魚の焼いたのとか、卵焼きとか、なんか煮たりとか、持たせたよ。今あるようなものがあったよ。子どものお弁当には、コロッケとか卵焼きとか、ウインナーとかなんでもあった。でも、冷凍食品は絶対使わなんだねえ、わたしは。そのころ、冷凍食品売り出しとった。次女が「冷凍食品のエビをみんなが持ってくるで、やって」って言ったけど、冷凍食品は絶対使わななんだねえ。今みたいに冷凍食品に手出したことがない。使ったことがない。体に悪いでかはわからん。使い方がわからなんだでかもしれん。とにかく一生懸命作った。煮たり焼いたり。下手でもなんでも、一生懸命作ったことは覚えてるの。

子どもの朝ごはんには、お味噌汁にいろんな野菜やら卵やら入れて、一杯のお味噌汁でいろんな栄養がとれるようにしてた。それは、定子さんからの伝来やわ。

❖母の愛、五目御飯

高富へ来てから、わたしはねえ、五目御飯をよく作ってた。定子さんがね、よくああいうの作ってくれたの。

五目御飯は、昔はニンジンと揚げと、かしわ。あとはシイタケ入れたりした。五目御飯は、苦手なものでも何でも、細かくして入れてまえるで、栄養があるわ。具材を水で煮て、砂糖、醤油、塩入れる。最初はそういうもんやったけど、だんだん、炒めてからだし汁で煮るようになった。そしてご飯と混ぜる。

混ぜご飯でも、お寿司やったら酢めしを作っといて具材を混ぜるんだけど、具材に酢を入れて煮ると、具が残っても腐らない。ご飯が足らなくて具が残っても、具は酢が入ってるから傷まないし、お寿司みたいに酢めしを作らなくてもいい。もちろん温かいご飯に混ぜるんだよ。ご飯が冷たかったら、蒸してから混ぜる。フライパンでご飯を炒めておいてから具を入れれば、チャーハンみたいになるし、とにかく具を作っとけば簡単。そして、定子さんがこれをいっぱい作って持たせてくれた。結婚してから子ども連れて実家へ帰ると、「うちでご飯に混ぜて食べやあね」って親がいつもこれを作っといてくれたの。こういう混ぜご飯は、親も煮るまでは野菜切って味付けして大変だけど、娘に持たせるには、弁当箱に入れて、「これうちへ持ってって、かき混ぜなさいね」って言うだけね。だから、わたしはもらってきて、かき混ぜて子どもにすぐ食べさせれる。

子どもを産んだときに、定子さんがアパートへ来とったがね。そのとき夏やったんやね、そのとき牛めしいうのを作ってくれたの。牛めし、まだ珍しかったわ。牛肉とゴボウと糸こんにゃくを甘辛に炊いて、これもごはんに混ぜてあった。

こういう思い出があるから、自分も五目御飯を作ることが今でも好きなの。今は、鮭の焼いたのとか、卵でもなんでもあるわね。今は、上から海苔かけたり、エンドウ飾ったりどんなことでもできるね。

❖明日からもがんばろうね

食べるものってやっぱすごいね。こうやって覚えとるでね。ああ、自分の口に入れたものは覚えとるね。食べるのって、お腹がすくで食べるんやけど、子どものころ、自分の誕生日に、オムライスを作ってもらったとき、「うれしいなあー！」と思った。それは、「あなたの誕生日やで、オムライスつくったよ」って言ってもらえて、うれしいで食べるんやわね。運動会に巻寿司を作ってもらったら、「うわー、巻寿司やで、がんばろう」ってね。決算の残業で店屋物をとってもらったときは、「ここまで仕事したんやね。これを食べたら帰ろうね」って、みんなで同じものを食べて、「明日また来よう」っていう力になるね。保育園に勤めとったころは、一年に一回みんなで下呂へ行って、みんなでごちそう食べとると、「ああ、次からもこの人たちとがんばって働こう」っていう力になる。一緒に働いてきて、「明日からもがんばろうね」っていう話はしないけど、みんなで食べとると力が出てきた。食べるものってそういうことじゃないの？

【聞き手　林あかね】

《聞き手のつぶやき》

わたしは、聞き書きを通じて、二つのことを得た。一つ目に、自分の生活する時代を見直すきっかけを得た。

「栄養があるから、五目御飯」、「栄養があるから、天ぷら」、「貧弱な児童には、肝油」、「配給のパン」、「食べるものがないでおいしい」。

「炭水化物は糖質が高く、天ぷらは油の吸収率が高いため、太る」、「肥満児が増えている」、「パン食べ放題」、「腹八分目にしましょう」

祖母の時代と現在では、食べるものに対する姿勢が大きく変化したことがわかる。「健康のために走りましょう」という言葉があった。これは今でもよく聞くスローガンだが、意味合いがことなっているはずだ。現代は運動不足や肥満の人びとが増えたために、ジョギングが奨励されているが、話し手の育った時代は、貧弱で体の小さい児童の体躯を強くしようという意図で行われたであろうからである。

話し手が子どものころは週に一度「電休日」が定められており、それが当たり前であった。しかし、今は、（当時にくらべると「たった」）二時間の計画停電で、便利／不便という問題から、人の生死に関わる問題にまで、議論が及んでいる。

現代では、様々なものが便利になり、贅沢になり、医療が発達し、衛生環境が整い、不自由なく暮らせるようになった。しかし、それにともない、環境破壊や動植物の生存危機などが問題になり、肥満や放射能の問題など、過去とは異なる点で、みずからの健康を損なう問題が増えた。家庭科を全員が学べる時代になり、全員が授業の中で生きる力を学ぶことができるようになった。

しかし、こうしたことは自主的に生きる力を養う機会が減ったことを意味しているのかもしれない。

現在は、便利な道具を使いこなすことが「かっこいい」とされている。もちろん、便利な道具を利用し、新しい世界を生み出すこと、様々な分野で新たな発見をすることは、奨励されるべきだ。しかし、便利で楽な生活を享受することで、今まで備えていた生きる力、または備えるべきとされていた能力が失われていることも自覚しなければならない。道具を使いこなす能力も必要であるが、それらの道具を使うべきか、使わないべきかを選択し、人間本来の力や、過去から積み重ねられてきた文化や知恵を使っていく力も必要である。

二つ目は、話し手である祖母との関係が深まったことである。時間を決めて、じっくりと話し合い、充実した時間を過ごした。今まで知らなかった祖母の思い出を知り、それを語る祖母の表情を間近で見ることができた。祖母がいるから、自分が存在しているのだという、彼女とのつながりを感じた。祖母が、「こんなに過去のことを考えたのは、はじめてやわ。あなたのおかげやわ」と言っていた。今度は祖母と、未来についての話をしたいと感じている。

工夫して生きているんです

木《き》村《むら》次《つぎ》子《こ》さん

昭和十四（一九三九）年、宮城県仙台市に生まれる。結婚後、東北地方、北海道を転々としたのち、昭和五十二（一九七七）年から愛知県名古屋市にくらす。

❖おいたち

昭和十四（一九三九）年に仙台市で生まれて、結婚するまで住んでおりました。結婚後、北海道の函館に半年間だけ住み、また仙台に戻ってきて、そこで長女が生まれました。その子が生まれて四ヵ月後に、岩手県の盛岡へ引っ越し、四年くらい住みましたね。長女と三つちがいの次女は、盛岡生まれです。その二人目の子が一歳にもならないうちに、今度は山形市に引っ越しです。そこは、長かった。あしかけ九年いました。だから、わたしの子どもは、山形で育ったっていう感じです。そして、また、仙台市に戻って三年間住みました。名古屋市に住み始めたのは、そのあとの昭和五十二（一九七七）年からです。そして、現在にいたりました。ながい、ながい。いろいろなところに住んで、楽しませてもらいましたね。

❖こわかった戦時中

戦争の激しかった時は、まだ小学校にはいる前でしたが、今でも覚えています。空襲。爆撃。B29がずっと飛んでおりました。焼け野原でしたね。当時、唯一の鉄筋コンクリートだった三越のデパートだけが残りました。空襲の時は、仙台市の南の方にあった大きな刑務所のそばに避難しました。▼1 母や町内の人たちは、「刑務所は爆撃されないから、そのまわりは安全なのだ」っていうことを知っていたのでしょう。真っ暗のなか、家族や町内の人は刑務所のまわりの、畑やら、田んぼやらに逃げました。けど、怖かった。刑務所にぐるーってまわっている電気がついていたのね。それに照らされて明るくなる時は、怖い思いでした。

❖父の実家

わたしの母も父も宮城県生まれで、死ぬまでずっと宮城県にいました。母の実家は仙台市内で、父の実家は宮城県の田舎で、畑や田んぼを持っておりました。その畑や田んぼには助けられました。戦時中や、戦後の食糧事情が悪かったなかでも、食べるものにこまったっていう記憶はそれほどありません。わたしの家は、そんなだから、よく人が来ました。わたしのともだちや、弟のともだちや。お腹すいていたのでしょう。ぜいたくはできないけど、母がサツマイモやジャガイモを蒸して、塩ふって。みんなで食べました。

仙台市が爆撃でやられちゃったあとには、しばらく、わたしは父の実家で暮らしておりました。父

▼1　大きな刑務所のそばに避難しました　おそらく宮城刑務所のこと。木村さんは、語りの中で「六角形だった」と言っていた。現在は解体されているものの、宮城刑務所は「雪形六出《ゆきがたりくしゅつ》の構え」と呼ばれ、六角塔があった。

は、戦争には行っていないんです。航空機の整備の技術があったので、仙台市内の飛行場にいました。母は、その時、三人目の子どもを身ごもっていたので、仙台市内に残りました。なので、わたしと弟のふたりで父の実家に行きました。牛車で迎えに来てくれましたね。荷物と弟は牛に乗って、わたしは歩いて行きました。歩いて行くのは、遠かったです。途中で、水を飲みたくなったのを覚えています。

父の実家では、楽しい毎日でした。その家には、いっぱい人がいました。父の兄の家族が住んでおり、おじいちゃんも、おばあちゃんもいました。わたしの母の兄弟の子どももいました。みんな優しい人でしたね。いやみの一つも言わないで、世話してくれて。おばあちゃんは、あまり目が見えません。目が見えないからでしょうね、すごい触ってくるの。「髪の毛はこんなに長くなったんだ」とか言いながら。そして、しまいには、「かわいい子だね」って言いながらなめてきましたね。

そこには、ニワトリはいっぱいいるし、ヤギは飼っているし、牛小屋は家のすぐ横にあるし、楽しかったです。犬の散歩ではなくて、ヤギの散歩をしていました。わたしにとっては、「牛乳」ではなくて「ヤギ乳」のほうが普通でした。あれは、濃厚でおいしいです。ニワトリがいたので、たまごもありました。ありがたい話です。ヘビもよく食べましたね。なんだろ、と思いながら食べていて、ヘビって聞いたときは、びっくりしました。皮をはいで、竹串に刺して、炉端で真っ黒でカリカリになるまで焼く。今でいう、やきとりみたいな感じでしょうか。「栄養がいっぱいあるんだ」って言われて食べました。けど、ヘビはきらいです。どうしても、あの動き方がきらいなんですよね。白いヘビって見たことありますか？「神様のヘビだから、大事にしなさい」って、おじいちゃんに教わりました。

怖かった思い出は、母屋から離れたトイレに行くことでしたね。真っ暗だから、行くのが怖くて、トイレに行くのを我慢していたのを覚えております。

基本的には、わたしには、楽しい父の実家暮らしでした。けど、弟にはかわいそうでした。まだ、三歳で小さいですからね。わたしのことを親みたいに思って、いつもそばにいました。

戦争が終わって、仙台市内に戻ってからも、小学生の時は、よく田舎の家には遊びに行きました。ドジョウを取ったりしました。竹を編んで、しかけを作ります。さきっぽに餌を入れておいて、そこにドジョウが入ったら、もう出られないんです。ウナギを取るみたいだよね。取れたドジョウは、たらいに入れてきれいにするの。何回も何回も水を入れ替えてね。以前、魚屋さんでドジョウを見つけた時に、「あぁ、懐かしい」って言ったら、魚屋さんに驚かれました。その、ドジョウは養殖だったみたいです。むかしは、いっぱい自然にいたのにね。

❖弟の病気

戦争が終わって、仙台市内に戻りました。

三人目と四人目の子どもが生まれました。四人目の子がちょっと大変だったんです。二歳になるか、ならないかの時でしたかね、小児結核になったんです。「もう駄目だ」って言われました。

そこからは、わが家は苦労しました。母とその弟は、三年くらいずっと家から離れて入院していました。母もその子も家に戻ってこられない。その子のために、闇市でストレプトマイシン[▼2]を買いました。今、考えると、こういうものを闇市で手に入れるのは、ほんとは駄目だったんでしょう。けど、お医者さんも看護婦さんも、それしか方法がない。値段は高かったです。

なんとか、病院から出てきてからも大変でしたね。戦争が終わったばかりなので、まだまだ食べるものも充分にありません。近くの農家に行って、食べるものを分けてもらうこともありました。母の

▼2　ストレプトマイシン　結核の治療に用いられた最初の抗生物質。昭和十九（一九四四）年に、セルマン・ワクスマンと共同研究者のアルバート・シャッツにより発見され、昭和二十七（一九五二）年にノーベル生理学・医学賞が授与された。

着物を持っていて、物々交換です。小さな炭鉱列車に乗って。その弟に栄養あるものを食べさせたくてね。けど、やっぱりあんまり食欲もなくて、食べられないのでしょう。残しちゃうのね。けど、その残り物は捨てるしかないんです。もし食べたら、まだ感染する可能性もあるから。「なんで食べちゃだめなの」って、ほかの弟たちは思っちゃうよね。なんか寂しかったです。その弟が使った食器とかは、ぜんぶ煮沸させて消毒していました。

結局、完治しました。母親ってのは、すごいですね。強いです。自分の責任だと思っていたんでしょう。ずっと世話しておりました。自分に感染してしまう可能性もあったろうに。

❖ロシアパン

戦争終わってすぐの頃、ロシアパンっていうのがありました。ロシア人が「ロシアパン、ロシアパン」って言いながら行商していました。ロシア人って背が大きいのね。黒い、硬いパンでした。今だったら、歯が弱くて食べられないかな。毎日やってくるのではなくて、週に一回くらいでした。東北地方をまわっていたのでしょうか。おいしいので、町内の人も楽しみに待っていました。

わたしは、そのロシア人について歩くのが好きでした。ニコニコ、ニコニコしていましたね。言葉なんて通じません。けど、むこうは「パン買って」ってことでしょ。こっちは、「パン買いたい」ってことだし。ずっとそのロシア人と一緒に歩きました。ずっとついて行くと、バイバイって時に、壊れたパンとかをくれましたね。「外国人だから、ついていっちゃだめー」って近所のおばさんなんかに言われたこともあります。「ロシアパン、ロシアパン」っていう声が今でも耳に残っています。

❖小さい時の遊び

小さい時は、遊ぶのに一生懸命でした。近所の子どもたちがみんな集まって、いろいろな遊びをしました。仙台は、雪が二〇センチくらいは積もったので、竹で作ったスキーができます。親が取ってきてくれた竹を使って、スキーができるように自分たちで作ります。蝋を塗ったりして、よく滑るように工夫しましたね。それで、ちょっとした勾配のある場所を探して。けっこうな坂があったら、最高でした。もちろん、降りたら、自分で歩いて戻ってこなきゃいかんのですけどね。ほかにも、なわとび、ごむとび、缶けり、竹馬。なんでもしました。遊びすぎて、毎日、下駄を一足割っていました。わたしのうちのとなりに下駄屋があってね。「おばちゃん、また割っちゃったー」っていつも言っていました。そうすると、「はい、はい」って言って、新しいのを売ってくれました。母には、それで、よく叱られましたね。

縁側ってのが、むかしの家にはあります。女の子は、そこにみんな集まってきて、おはじきやお手玉をしました。今でも、お手玉じょうずだよ。三つくらいやれる。むかしは、四つもやっていました。あと、凧揚げもやりました。自分で作ります。弟たちと一緒に一生懸命作ったのを覚えております。大事なのは、技術です。凧の足の長さだったり、幅だったり。揚げ方も大切。上手に揚げられると、嬉しかったね。家の前や学校の校庭でいつでも遊べました。

❖お風呂屋さんとラジオ

お風呂屋さんに行くのが、大好きでした。いわゆる、銭湯です。その当時、お風呂がうちにない人の方が多かったんでないかな。あんまり人がいない時に行って、泳ぐのが好きでしたね。どんな時間が、お風呂屋さんの客が少ないかわかりますか？　人気のラジオ放送がある時です。みんな、そのラジオをものすごく聞きたいので、お風呂屋さんには人はいません。「君の名は」[3]っていう放送がありました。大人が大好きな放送でした。わたしもいまだに覚えています。主人公は、真知子さんと、春樹さん、だっだかかな。びっくりするくらいの人気でしたね。みんなそのラジオの時間、楽しみに待っていました。

「鐘の鳴る丘」[4]という子ども向けのラジオ放送もありました。「とんがり帽子」[5]っていう歌が主題歌でした。親が戦争で亡くなった孤児の子どもたちが、今でいう施設に入る話でしたね。わたしは、それ聞きながら、「自分の生活は、まだましだなぁ」って感じました。ラジオは、ほとんどのうちにありましたね。

❖母

わたしは、小さい時からおさんどんでした。母は、家で和裁教室を開いていてね。「こんにちは」って言ってガラガラって玄関開けて、学生さんが家に入ってくるんです。昼の十時くらいからと、夕方からの二回やっていました。女の人で、お嫁さんに行くことが決まった人なんかが来ていました。十人くらい来ていましたかね。毎晩、八時か九時くらいまでは、教室を開いていました。そのあとに、母は人に頼まれていたものを作ったりして。だから、遅くまでなんかやっていました。わたしの服なんかも縫ってくれましたね。服を買うようになったのも、遅い時代からです。

母は、そんなんなので、わたしがご飯作ったり、洗濯したりしました。母は縫物をするから、あんまり手が痛んでしまってはだめなんですと。母は、九十二歳で亡くなりましたけど、きれーなね、ほんときれいな手で亡くなりました。わたしは、まったく和裁はならいませんでした。小さいころから、

▼3　「君の名は」
昭和二十七（一九五二）年にラジオドラマで放送。主題歌や小説、映画も大ヒットし、映画のヒロインのファッションが、「真知子巻き」として流行するなど、ブームは社会現象となった。映画化は昭和二十九（一九五四）年。二〇一二年時点で、四度ドラマ化されている。

▼4　「鐘の鳴る丘」
昭和二十二（一九四七）年から昭和二十五（一九五〇）年にNHKラジオで放送された。

▼5　「とんがり帽子」
作詞・菊田一夫、唄・川田正子。戦後の戦争孤児の様子を映し出した歌詞となっている。

嫌いでした。和裁のせいで、家にいろいろな人がきて、母のことを取られているように感じていましたからね。

弟は、結局三人いました。わたしだけ女です。だから、弟たちは、わたしを母のように思っておりました。母の兄弟は九人いて、みんな仙台に住んでいたので、いろいろ助けてくれました。わたしの家によく遊びにきますし、わたしも遊びに行きます。従兄弟とも仲良かったですしね。「いとこ会」っていうのを作って今でも仲良くやっています。三十五人いました。けど、もう亡くなった人もいるから。今は、何人なんでしょう。大家族でした。そういう人と人のつながりってのは、大切なんです。

❖買い物と食卓

仙台のわたしの町には、肉屋さん、魚屋さん、八百屋さん、雑貨屋さんがありました。醤油屋さんと、味噌屋さんは別でした。一升瓶を持って行って、そこに入れてもらいました。味噌もはかりで売っていました。けど、味噌は、自分のうちで母が作っておりました。好みの塩加減とかがありますからね。お菓子屋さんもありました。コッペパンがはじめて出た時は、おいしかったね。ジャムをつけて食べるんです。「おまけにいっぱいジャムをつけて」ってお願いしていました。

買い物は母が毎日、けっこう早い時間に行っておりました。魚屋さんは、町に二軒、三軒ありました。今日は、こっちの店の方はなにが安い、とか言いながら店を選んでおりましたね。うちでは、魚を食べることが多かったので。けど、わたしはイワシやサバやサンマなどの青魚が食べられません。食べると、蕁麻疹《じんましん》が出ちゃうんです。だから、食べる魚は、ホッケやタラやカレイ類でした。あと、目が抜けるほど、おいしいって言われたメヌケっていう魚を食べましたね。タイはなにか行事のときに食べました。けど、あまりおいしいとは思わなかったです。

魚屋さんでは、自分のうちでは、さばけないようなものはその場でさばいてくれました。アンコウって魚知っていますか? あのおばけみたいな。ヌルヌル、ベトベトしていて、ものすごく大きいのね。あれが、釘みたいなのに、ひっかけて売られていました。そういうのは、自分ではさばけないから、お店の人にやってもらっていました。「何時に取りに来るから、こうやって、さばいといてー」って頼んでおいて、食べる前に店に取りに行きます。お刺身とかもそうでした。わたしが、お皿を持ってお店に取りに行きました。

クジラは肉屋ではなくて、魚屋にありました。短冊状にしてある赤身と、ベーコンはいつでも売っていました。「赤身は生でも食べられます」って言われたけど、わたしには、あんまりあわなくて食べませんでした。ベーコンは塩っぽくて、わたしには、あんまり食べたくなくてね。いつも焼いて食べていました。おいしかったね。毎日食べても嫌じゃなかった。

いろいろな種類があって、値段もいろいろだった記憶があります。安いのは、筋が多くて、全然おいしくないのもありました。そういうのは、時間かけて煮込みます。そうすると、筋も気にならなくなるでしょ。そうやって、母が料理しておりました。クジラの好きな食べ方がありました。クジラ肉を、酒、みりん、醤油、ショウガ、ニンニクにつけておくのね。ニンジンやタマネギも一緒にです。そうするとクジラ肉の臭みもまったく感じなくなってね。それをさっと炒めて食べるとおいしかったです。わたしも、自分の子どもにそうやって食べさせていました。子どもも大好きだったね。今でも、たまに「あれはおいしかったから、また食べたいな」とかって娘が言います。昭和五十二(一九七七)年に、名古屋に引っ越してきましたが、こっちに来てからは食べていません。仙台に戻れば食べていましたが。クジラは安かったので、毎日でも食べられました。

お肉を食べたのは、週に一回くらいです。豚肉が多かったです。町のなかにでも養豚場があって。

名古屋に来てから、名古屋にはかしわやさんが別にあるのに驚きました。東北ではそういうのはなかったね。お肉屋さんが、豚も鶏肉も牛肉も売っていましたね。けど、馬肉を扱っている店だけは、別でした。不思議です。馬肉ってこっちの方では、あんまり食べないのかしら。この前、名古屋のともだちと長野県の飯田に遊びに行った時に、馬肉があって、久しぶりに食べました。一緒に行った名古屋のともだちは、馬肉って聞いて、びっくりして、箸をつけませんでしたね。わたしは、二人前も食べてしまいました。牛肉を食べることは、あまりなかったです。今でこそ、仙台牛だの、米沢牛だの、前沢牛だの有名ですけどね。あとは、サメの肉を食べたのも覚えております。なんだか、パサパサしていて、脂がなくて。なんて言うのか、フワフワしていました。あまり好きではなかったです。

あとは、日曜日とかにイナゴを取りに行ったのを覚えています。食べるためにです。家の近くの田んぼにイナゴを取りに行きました。人の田んぼだけど、勝手に取っていましたね。夏から秋にかけての時期にいっぱいいます。取ったイナゴは鍋で茹でて、翅と足を取ります。翅と足をそのまま食べると、ギザギザっていう食感がどうしても気になっちゃうので。甘辛く味つけをして食べました。戦後は、イナゴがご馳走でした。小学校のみんなでも取りに行ったこともあります。「今日は、イナゴ取りです」って言ってね。四年生、五年生、六年生の時くらいです。一年に一回くらい。そんなに何回もではありません。当時ではとっても貴重なビニール袋を渡されてね。それを持って、田んぼに行って取りました。取ったのを給食のおばさんみたいな人に渡したところまでは覚えております。その取ったイナゴは、どうしていたのでしょうか。給食で食べたのかしら。もしかしたら、どっかに売っていたのかもしれません。それを売って、お金にしていたのかも。教材を買ったりするためにね。ちょっと、正確には、覚えておりません。

❖食卓の変化

母は、和裁教室をやっていたので、台所仕事を嫌がっておりましたが、料理が上手な人でした。なんでも、ほとんど手作りでした。今みたいに、あっち、こっち買ってきてなんかっていう時代ではありませんからね。

母が一番上手だったのは、てんぷらでした。からーっと、かりっと揚げます。衣が薄くて。てんぷら屋さんみたいでした。今でも覚えているんだけど、近所の人たちが、「てんぷら揚げてー」ってお願いしにきました。母も断ればいいのに、「そいじゃ、あとで持っていくねー」とか言ってね。うちの分も、どっかの近所の分もみんな母が揚げていました。だから、母は自分では食べません。揚げているだけで、お腹いっぱいになっちゃったんでしょう。自分が料理するようになって、その時の母の気持ちがわかります。揚げものをしていると、作っているだけでお腹いっぱいになっちゃうんです。油がすごいからね。むかしなら、換気扇なんかもないので、今よりもっとひどかったでしょう。

今でいう竜田揚げっていうのも作っていました。お醤油とか、ショウガとか、そういうのにお肉をつけといて。それに、トンカツってのも作っていました。あれを初めて作っているのを見た時は、驚きました。「なにやってるんだー」って不思議でした。パン粉だってむかしはないです。だから食パン買ってきて、大根おろしを作るので、削っていました。

母は、なんでそういう新しい料理の作り方を知っているのかなって不思議でした。料理教室なんてないし、料理雑誌なんか見てなかったですし。けど、近所のともだちに、アメリカ人のメイドさんをやっている人がいました。仙台って戦争がひどかったから、そういうとこに、ＧＨＱとかのキャンプ場があって。そこにいるアメリカ人のメイドとして日本人が働いていたんです。その人から、「アメリカ人は、こうやってこうするような食べ物を食べるんだよ」って教えてもらったみたいです。逆に、アメリカ人は日本の郷土料理なんかを作ってほしいみたいで。母はそういう料理の作り方を知っていたので、そのともだちに教えていたみたいです。

お菓子類も、その人がいろいろ教えてくれたみたいです。当時で、ホットケーキなんかも作っていました。それに、ドーナツやかりん糖。かりん糖は、おそばみたいにして作ります。練って、棒でぎゅーっと伸ばして、丸くして、それを、ポンポンポンって切ります。それを揚げておりました。かりん糖で思い出すことがあります。母が、だんだん、かりん糖の形を工夫するようになったんです。変わった形にしようとしてねじったりしてね。そうしたら、油で揚げている時にバンって油がはねて、わたしが手をやけどしちゃいました。それ以来、かりん糖は作らなくなってしまったかな。

アメリカ人のメイドさんからは、食事以外のことも教わりました。たとえば、アイロンのかけ方や洋服の畳み方。それに、エプロンもです。むかしは、割烹着を着ていましたが、エプロンってのをその人から教えてもらってね。エプロンをもらった時に、「かわいいなぁー」って思って、嬉しくて、嬉しくて。これが着られるなら、お手伝いしてもいいなって思いました。

こうやって、少しずつ、少しずつ、生活は変わっていったんです。

❖給食の思い出

給食もみんなで助け合って、やっていました。給食は、まず脱脂粉乳からはじまって、週二回くらいおかずが出るようになりました。その後に、コッペパンが出るようになりました。最初の方は、おかずはサケの水煮みたいなのでしたね。進駐軍からもらっていたんでしょうね。それを親たちが学校の一室で、釜を使って準備した給食を出してくれました。親たちです。最初の方は、給食のおばさんとかもいないのでね。うちの母も、和裁教室やりながらでも、やってくれました。それに、容器もひとつもない。学校のまわりに住む人から、おかずを入れるためのお椀を確保しないといけない。ずっと借りているわけにもいかないから、かえさないといけないしね。わたしは、学校の目の前に住んでいたから、よくこの仕事はやりました。そんな給食だけど、おいしかったです。忘れられない味があります。今からすると、そんなおいしくないのかもしれないけどね。

❖ゴミの捨て方

給食をみんなで、協力して食べていたように、むかしは、「両隣三軒は大切に」って言ったものです。みんなで、助け合って生きておりました。

ゴミだってそうです。生ゴミが出たら、小さなドラム缶みたいなのに入れて家の前に置いておきました。週に二回くらいでしたね。そしたら、それを集めにくる人がいたんですよ。その人は、豚を飼っている人でした。生ゴミが豚のえさになるのでしょうね。だから、豚は汚いっていうイメージを持っていました。部屋を汚くしていたら、母から、「豚小屋みたいにして」って怒られていましたから。リアカーをひいて、各家の前に置いてある生ゴミを集めていましたね。

どっちがお金を払うのだと思いますか？　ゴミを捨てたわたしたちか、ゴミをもらっていく人か？ゴミをもらっていく人が、わたしたちにたまごや野菜をくれました。お金でないんです。ゴミとたまごの物々交換です。豚を飼っている人は、田舎の人で、ニワトリも飼っているから、たまごもあるんでしょうね。そうやって、交換していました。けど、それに助けられていたんですよ。たまごって当時の食べ物のなかで、一番、栄養あるからね。病気だった弟のために、最高のものでした。毎回、同じ人が集めに来てくれました。わたしが中学校くらいの時（一九五〇年頃）まで続きました。けど、なくなってしまいましたね。きっと、豚小屋が遠くに離れていったのだと思います。臭いって文句が出るでしょ。遠くにいってしまったから、町までゴミを集めにくるのもなくなりました。それからは、庭に穴を掘って埋めたりしていました。生ゴミ以外のゴミも一緒です。庭に穴を掘ってね。今みたいに、プラスチックとかはないから、それで、よかったんだと思います。

排泄物なんかも一緒です。それは、豚小屋の人じゃなくて、畑の人が集めにきました。肥料なんかに使うんでしょうね。そういう風だから、やっぱり臭かったし、ハエもいっぱいいましたね。だから、町内会で、消毒活動とかをやっていました。

❖バナナの思い出

バナナは小学生の時から、よく食べていました。あとになって、お見舞いの時や遠足の時にしか食べられなかったっていう同世代の人たちの話を聞いて、びっくりしました。家の近くに「いづつバナナ」っていうバナナ専門店があったんです。その店に大きな竹で編まれたかごに入った緑色のバナナが、とにかくたくさんありました。バナナって緑色なのよね。ちょうど、黄色になった時に、売りに出していました。

そこのバナナ屋さんの子どもとうちの弟が同じ年で、よく遊びに行ったし、その子がよく遊びにきていたの。だから、遊びに行けば、形がわるいバナナや色が悪くなったバナナを食べさせてくれたし、その子が遊びにくるときは、バナナを持ってきてくれました。大人になってから「バナナの色は、もともとは緑色ですよ」ってアナウンサーが言っているテレビ番組を見て驚いちゃいました。「何が珍しいの」って思って。けど、バナナ屋さんってのがあるっていうこと自体が今と違いますよね。その「いづつバナナ」屋さんは今でもあります。「なんでも」屋さんになっています。

偶然近くにバナナ屋さんがあったから、バナナを食べておりましたが、今考えると、贅沢でした。山形県に住んでいた時に借りていた家の近くに、農家のおじいちゃんがいましてね。八〇歳くらいのおじいちゃんでした。そのおじいちゃんが、「今でも忘れられないことがあるんだよなぁ」って言うから、「なにかな」って思って話を聞きました。むかし、そのおじいちゃんの子どもの野球の試合があったそうです。たまたま、その試合に勝ったら、バナナをもらえたんだって。そして、おじいちゃんに「食べてみー」言って渡してくれたそうです。「そのバナナの味がいまだに、忘れられない」って言っていました。「あれは、忘れられないんだぁ」ってね。

バナナのほかの果物は、リンゴは食べましたね。あとは、今で言うメロンみたいな、マクワウリって言うのかな。あとは、スイカですね。スイカは、井戸の水で冷やしていましたね。

❖結婚

結婚したのは、昭和三十四（一九五九）年でした。高校を卒業して、結婚するまでは、電話の交換手として働きました。電話交換手って、資格も必要なんです。

お父さん（旦那さん）は、北海道の人でした。お父さんの父は獣医さんで、北海道のあっちこっちへ行ったそうです。ほら、農家って牛が大事でしょ。牛のお産をしたり、病気みたり、獣医さんは、あっちこっち行っていたみたいです。北海道は大変だったそうです。苦労したみたい。「食べられなかった」ってよく話しております。大人になってからも、お好み焼きを、食べないのよ。なぜかというと、食べられなかった時代のことを思い出すんですと。北の方の人には通じるんだけど、「どんどん焼き」っていうのがあったのね。いわゆる、代用食です。小麦粉使って、ネギをきざんで入れて、けずり節を自分で削って。あとは、アミっていう小さいエビみたいなのを入れて。お好み焼きみたいなもんだけど、お好み焼きほどはおいしくないんだって。だから、お好み焼きを食べると、その「どんどん焼き」を連想するそうです。

結婚する時に、持って行った電化製品は、電気釜とトースターでした。自分で買ったんでなくて、お祝いにもらいました。両方とも覚えています。東芝の商品でした。わたしが結婚する前くらいの時は、そういった電化製品の宣伝や広告がすごかったです。炊飯器を使ってご飯を炊く方法をお店の前で実演していましたね。

❖冷蔵庫を買うまで

山形県には九年間も住んでいたので、楽しかったです。社宅に住んでいる時に、へんなおじいちゃんがいてね。ひげがすごい長くて、子どもたちは「ひげじいちゃん」って呼んでいました。そのひげじいちゃんが、いろいろ教えてくれました。

野菜は雪の下にしまっておくと、とてもおいしくなるんです。雪が降る前に、穴をしっかり掘っておいて、野菜をしまって、ワラを被せておくの。そうすると、不思議と野菜は凍らないんです。野菜は、甘くなります。八百屋で野菜を買ってきて、そこに閉まっておりました。だから、冷蔵庫をほしいな、と思うことはあんまりなかったんです。スイカは井戸の水で冷やします。桶に井戸の水を入れて、つけておいたら冷えました。一時間ごとに水を入れ替えておけば、問題なかった。井戸の水って夏は冷たくて、冬はあたたかいの。わたしは好きだったね。井戸の水は飲んでもおいしかったです。きっと鉄分なんかもいっぱい含んでいて、栄養があったのだと思います。だって、井戸水をすくう桶についていた木綿の布なんかが、赤色になっていましたから。今では、鉄分取るためにお金を払うのに。水道が通るようになって、父がそれを飲んで、「なんかおいしくないなぁ」って言ったのを覚えています。ビールも床の下に閉まっておけば、おいしく冷えました。雪のない時には、野菜も床の下にしまいます。こういうことは、全部、「ひげじいちゃん」が教えてくれました。

そうは言っても、子どもがだんだん大きくなってくると、アイスが食べたいってなってきます。そうすると、冷蔵庫が必要です。それに、お父さんが飲んべえだったんですよ。「子どもたちがアイス食べたいなら冷蔵庫を買うか」ってお父さんは言ったけど、実は、自分が冷蔵庫を欲しかったんでないかな。ウイスキーを飲む時に、氷が欲しいんだよね。水割りでなくて、ロックで飲むのが好きでした。子どもたちも、みんなその理由を知っていましたね。けど、氷も、今みたいに自動でできません。氷を作るための器があって、凍らせてね。凍ったら、水をつけてから、がしゃーってやるの。氷を作るのを忘れていたら、怒られました。にごらない、透き通った氷を作ろうと、工夫したもんです。その時の冷蔵庫は、霜取りが大変でした。霜取りしないと、ぜんぜん冷えなくなってしまうんだよね。壊れちゃったーってくらいにね。けど、やっぱり冷蔵庫はありがたかった。今、考えると冷蔵庫を買う前ってようやっていました。余分なものは、買わない、作らないってやっていたものです。

❖洗濯機

洗濯機もあんまり必要なかったです。小さい時からずっと手洗いでやっていたんでね。近くに住んでいる人から、もらったのが最初でした。ずっとあとの話ですが、このもらった洗濯機が古くなって、新しく自分で買おうと思ったら、この古い洗濯機を近くの農家の人が欲しいって言ってね。その人は里芋も作っている人でした。里芋の皮をきれいに剥くのに、洗濯機がちょうどいい具合にきれいにしてくれるらしいです。今までは、川の水の流れを使って、きれいにしていたんだけど、それじゃ駄目なんだって。「洗濯機がちょうどいいんだ」って言っていました。農家の人もかしこいです。きっと、

▼6 ケネディー大統領が撃たれるのを見た
昭和三十八（一九六三）年十一月二十三日。初の日米衛星中継放送開始時に飛び込んできたのが、ケネディ大統領暗殺の第

里芋もきれいにしてからでないと出荷できなくなったんでしょう。昔は、泥だらけでもよかっただろうにね。時代は、変わっていきました。

❖テレビ

テレビは昭和三十九（一九六四）年に開催された東京オリンピックにあわせて買いました。東京オリンピックの一年前くらいには、買っていたと思います。ケネディー大統領が撃たれるのを見たからね。[6] あれは、びっくりしました。もちろん、それは白黒テレビです。カラーテレビを買ったのは、[7] 子どもが「巨人の星」[8] を見たいって言い出した時です。お父さんは、野球をカラーテレビで見たがっていました。子どもはいつも言っていました。「お父さんが帰ってきたら、野球になっちゃうから遅く帰ってきて」って。もちろん、テレビは一つしかないのでね。よその家では、お父さんが子どもにあわせたりもしていたみたいです。

こういったお金のかかる電化製品を買うのは、ボーナスかなんかが出た時です。その頃は月賦っていって、今でいうローンみたいな払い方もあったけど、そういうのって嫌いでした。主人も仕事の都合でカードは持っていたけど、絶対に使わない。大きらいでした。全部、現金です。

❖やっぱり、大変です

電化製品だって、欲しくて欲しくてって感じじゃない。あればいいけど、なくても大丈夫でした。食べるものだってそうです。イナゴでも、ドジョウでも、なんでも食べます。工夫して食べられるんですよ、いろいろなものが。

けど、こういう話をすると、名古屋みたいな都会に住んでいる人は驚きます。それで、「やっぱ田

一報だった。

▼7　カラーテレビ　「大阪万博はカラーで」というキャンペーンがカラーテレビの販売を促進した（大阪万博の開催は昭和四十五（一九七〇）年三月）。内閣府の消費動向調査「主要耐久消費財等の普及率（全世帯）」によれば、カラーテレビ普及率は、昭和四十四年二月時点で十三・九％、昭和四十五年二月時点で二十六・三％、昭和四十六年二月時点で四十二・三％であり、大阪万博を開催した頃に着実に普及したことがうかがわれる。

▼8　「巨人の星」　作・梶原一騎、画・川崎のぼるによる漫画作品『巨人の星』、『新巨人の星』を原作としたアニメ作品であり、昭和四十三（一九六八）年から昭和四十六（一九七一）年に第一作が日本テレビ系列で放送された。

舎からでてきた人はすごい」みたいなこと言います。結局、名古屋の人にとって、東北は田舎だからね。

今回の地震のことを思ってもそうです。東北の人は、「ねばり強い」、「我慢強い」とかって言われる。けど、そうでないよ。やっぱり大変ですよ。けど、みんなで協力して、工夫して生きているんです。だから、大変なんです、ってことをもっと言ってもいいと思うんだけどね。

【聞き手　祖父江智壮】

《聞き手のつぶやき》

わたしは、同じマンションに住む木村さんにインタビューをさせていただいた。同じマンションで十年近く生活しているものの、すれ違った時にあいさつを交わす程度であり、一度もしっかりとお話したことはなかった。しかし、わたしの母と木村さんが町内会の仕事を一緒にしていた関係で、今回のインタビューを依頼した。今回、わたしがこうやって木村さんにインタビューをしていることが、マンションに住む方々の中で話題になったそうだ。「ほかの住民の方に、このインタビューのことを話したらうらやましがられちゃった。ほかの方も、ぜひ話したいそうよ」と木村さんから聞いた。世帯数の多いマンションであり、住民同士の関係は希薄である。しかし、今回のこの聞き書きを通じて、木村さんと話せたことは非常に楽しかった。これで終わりにせず、ほかの方にもいろいろな話を聞いていきたいと思った。

木村さんは、ごく普通のどこにでもいそうなおばあちゃんである。しかし、七時間にわたって語ってくれた木村さんの人生談は驚きと感動に満ちていた。とくに、ＧＨＱのキャンプ場でメイドとして働く友人からの情報を通じて食卓が変化していった話には、興味をそそられた。わたしは高校生の時、旧厚生省が栄養不足改善のために実施したフライパン運動やキッチンカーなどを通じて食卓の様子が変化したということを習った。しかし、木村さんは、そんな政府の政策は覚えていなかった。たしかに、学校給食の普及などの政策と木村さんの人生は無関係ではなかろうが、木村さんは、教科書で教えられる世界とはことなる世界を生きていた。

長時間の語りを録音し、書き起こし、編集することは、想像以上にエネルギーを必要とする。だが、語りに耳を傾け、自分の経験できなかったことや時代に対して想像力を働かせて理解しようとする営みは自分を豊かにしてくれる。わたしは、これまでに三度の聞き書きを実践してきたが、忘れられない語りはいくつもある。そして、そうした人生の先輩方の語りは、わたしに様々なヒントを与えてくれる。木村さんは、今回のインタビューの中で「物がなくても工夫すればなんとかなるんですよ」という台詞を何度も繰り返していた。今のわたしの生活は、携帯電話、パソコン、テレビ、洗濯機、エアコンなど、物に溢れている。しかし、そういった豊かな物も二年前の大震災で、絶対的ではないことを思い知った。わたしは、物がない時代を工夫して生きた木村さんの人生から学ぶことができるはずである。

最後に、この作品を仕上げるために力を貸して下さった先生、先輩方に感謝を申し上げたい。そして何よりも、長時間にわたるインタビューに快く応じてくださった木村さんに、心からお礼を申し上げる。ありがとうございました。

十の草鞋を履きつぶす

鈴木《すずき》謹一《きんいち》さん

大正十一（一九二二）年、静岡県安倍郡安東村丸山に生まれる。商業学校を卒業後、丁稚奉公を経て、昭和十六（一九四一）年に海軍気象部の軍属になる。戦後は静岡県の清水の会社に就職。昭和四十七（一九七二）年から五十三（一九七八）年まで北海道でくらす。昭和五十八（一九八三）年に退職後、岐阜県各務原市の緑苑に移り、活発に町内活動に参加している。

❖小さいころの記憶

俺が子どものころは、静岡には十万ぐらい人がいただ。住んでいた丸山というところは、百五十軒くらいの規模なんだけど、下町だから歓楽街のほうまでは、三キロないし四キロぐらいの距離だな。子どものころから、牛肉も豚肉もあったよ。トリはトリ屋さん。鶏卵もね。卵は八百屋にもあったな。牛肉は、ありゃあ、もうご馳走だから。食べるのはお金が入ったときでしょうね。すき焼きにするけど、細切れ肉だけだよ。すき焼き専門の肉なんて、そんなに食べれなかった。子ども時分によく買いに行ったもん。「細切れちょうだい」って、子どもなら堂々と言えるだよ。でも大人はちょっと言いづらい。だから「犬に食わせるから、細切れちょうだい」なんて言う人もいたもんな。ほいでも犬なんかやるもんじゃない。犬の飯なんてのはね、ご飯の残りさ。味噌汁の汁ぶっかけてたら上等だよ。ほんで糠とね、野菜くずだけの家もあったよ。糠にだって脂があるもん。いっぺんその人の家に行ったとき、「なんだこれ」ってびっくりしちゃったもん。豚のえさかと思ったら、犬のえさだった。

牛は百姓が田んぼ耕すのに使ってたから、屠殺場もあったよ。牛は農耕専門で、馬は運搬用。馬小屋や牛小屋はくっついて、家の横っちょにあった。農耕に使うようなところは大概一頭だよ。田んぼもそんなに広くないし、犂具をつけて戦後もでてたよ。

農耕のトラクターが入ったのは、いつごろかなあ。あれは遅いよ。昭和四〇年代くらいには、ぼちぼちでてた。農協は戦争中なんて強かったよ。戦争中は統制があったから、農協が農家への、肥料屋の販売から収穫物の販売までほとんどひとりじめにしてたんだ。肥料と農産物が主だったと思う。あとからいろいろやるようになったけどね。戦後は保険とか貯金とかやるようになったでしょう。

❖望月兄弟商会での、青春時代

昭和一〇（一九三五）年に尋常小学校を卒業して、静岡商業学校の三年制に進んだよ。十五歳のとき、先生に清水の本屋の仕事を勧められて、卒業後は何年かそこへ奉公に行った。そこをやめたあと、おなじ清水にある望月兄弟商会で住み込みではじめたのが、昭和十四（一九三九）年の三月。そこでは海軍に入る十六年の七月まで働いたよ。本屋のときより給料は良くて、十五円になった。でも、最初は店のほうで強制的に月一〇円を貯金させられて、結局、毎月現金で五円しかもらえなかっただ。休みも月二回しかなかったな。

望月は肥料と温州ミカンをあつかっていて、あと俺はあんまり関係しなかったけど、石油もやってたんだ。あれは、シェルだったなあ。重油は船で受けとって、その船からほかの船へ給油する。清水港は漁船が多いでしょ？　だからその船への重油だね。お店がその給油する船を持ってて。そこは石油部っていって、港のほうに独立して別の店になってたんだ。

温州ミカンはカナダに輸出しとったよ。輸出ミカンってのが当時はあってね、ちっちゃい木の箱に詰めてたんだ。船のなかで密封しちゃうと腐っちゃうから、空気の流通をよくするように、輸出ミカンの木箱は隙間があいてるの。それで大きな貨物船でカナダへ送るわけ。その輸出ミカンは規格があってね、税関に持ってくと、そこで検査があるわけ。で、大きさと個数と重量を調べてその一定ラインに達してないと、みんな返されちゃう。輸出用は規格が厳しいんだ。ほいで一個ずつ紙に包むの。船賃がかかるから高級品なんだよ。

で、ここで妻（初江さん、平成二十三年死去）に出会ったわけ。妻は事務をやっていてでそこで出会って、だからそうだな、昭和十四年から去年まで七〇年のつきあいなわけだ。戦争中は戦地と内地とのまあラブレターなんてもんじゃないけど、手紙のやりとりがあってね。俺が初江と結婚したのは昭和二十二（一九四七）年だ。戦後、日本軽金属に勤めてからすぐいっしょになった。

カリ肥料は麻袋みたいな袋に入ってるの。その空き袋をこっそり持ちだして、その取り扱ってるところへ行って売ってね。小遣いせしめて立ち喰いの寿司なんかを食べに行ったりして。そこのお店の大食新記録をつくったよ。金額にしたら、たくさん食べた人はいるけれど、量を食べたのはあんたが一番だ、なんてね。

直径二メートルぐらいの石臼のようながあって、あらかじめ粗く粉した豆粕なんかをそれで粉砕するんだ。配合肥料をつくるときは六畳間で、一番はじめにその豆粕を部屋いっぱいに、七、八センチぐらいの厚さに広げるわけだよ。その上に硫安を撒いて広げて、過リン酸を撒いて、最後に魚粉を入れる。今度はそれをスコップでひっくり返して混ぜるわけ。豆粕を挽いたときにはその上で相撲を取るんだ。上でやると痛くねえし、汚れねえんだよ。

大豆は中国からだよ。だけど、それも清水の卸の肥料問屋があって、そっから買い取るだけさ。カリ肥料だって外国から来たりしたからね。豆粕っていうのは、圧搾機にかけて大豆の油を絞った粕なんだけど、豆板は六〇センチか七〇センチで円盤のようになってるわけ。で、その真んなかにまるく穴があいていて、工場の印がついてる。それを圧搾機のなかへ通してぎゅうっと押しこむと、なかに型があってね、それでもって油絞りだすんだ。

魚肥も肥料問屋から仕入れるよ。魚は運ぶのが大変なんだ。はじめ俵でしっかり縛ってあるでしょう。それが途中で乾燥してくると、遊びができてその俵がぐずぐずになっちゃうんだよ。おまけに俵がひとつ二〇貫（七十五キログラム）くらいあって大きいんだよ。だから肩に担ぐと、うしろのほうへ偏ったり、前へ偏ったりして、ずれちゃう。米俵みたいにぴたっとしてれば担ぎやすいんだけど。

魚肥はね、大羽イワシの干鰯が多かったと思うよ。ニシンは割合獲れなくなってきてたねえ。ニシン御殿だとかなんだって騒いでたのは大正のころだな。[1] 配合肥料は、高いやつと安いやつとあるんだけど、十貫目でだいたい三円から五円の間だな。高いやつは、魚粉がたくさん入ってて、過リン酸がたくさん入ってるやつは安いんだ。

その時期はね、肥料に統制がかかってきてたんだ。そうするとどうしても闇取引をやる。闇で流してもらったやつを、また闇で売ってるんだ。それなんか見てると、まだこっちは純な青年だったから、どうも潔しとしないわけよ。そんなときに、新聞広告に「海軍軍属募集」というのを見つけた。任地は南洋から千島列島だから、マーシャル群島とかグアムとかああいうところから千島、そこまで出張

▼1　騒いでたのは大正のころ　鈴木さんは、ニシン粕は北海道からのものだったと記憶している。北海道のニシン漁の漁獲量は明治三〇（一八九七）年にピークを打った。

するんだと。こりゃあおもしろそうだなって思ってね。それで試験を受けて、軍属になったんだ。

❖ミカンを売りに東京に行った

昭和二〇（一九四五）年に中国から帰ってきて、静岡に戻っただ。親父がいたところで、まだ仕事があったもんだから、そこで少し手伝った。そして冬になったら、今度はミカンが収穫の時期になった。そんなときにミカンを担いで東京に持ってくともうかるらしいって話を聞いたんだ。いわゆる闇だね。それで、リュックいっぱいにミカンを入れて、ふたりで東京に売りに行ったんだけどね。それでいっぺんに二五〇〇円もうかっただよ。こりゃいいなと思って二回目に行ったら、今度はヤクザ屋さんが来て、脅かされちゃったの。お前ら誰の話でここで売ってるんだって。そうしたら買いに来た人たちが、「何言ってる、いまは民主的な世のなかなんだから」って言ってかばってくれたんだよ。だけどね、ヤクザにすごまれて、ぶるっちゃってさ。おっかなくなっちゃって、もう二回行ったきりであとはやめちゃった。それからは、静岡の練兵所に臨時にバラックのような家を建てるために、土地を平らにする土方をやったりしてたら、うちの姉さんにまで「とてもじゃないけど、そんな仕事ばっかしてちゃだめだ。どっか堅いところへ勤めろ」と言われちゃった。それで入ったのが日本軽金属。昭和二十一（一九四六）年の春で中途採用だった。

❖タコばっかり食べてた

日本軽金属はアルミニウムを精錬する会社だから、中途採用になる条件が、炭鉱へいっぺん行くことだっただよ。石炭増産応援隊って言ってね、当時、各工場でそういう人がいたんだよ。でなけりゃ炭鉱から石炭ももらえないんだ。当時は石炭が黒いダイヤだからね。ほかのところへ売られちゃだめだってわけだ。手伝いに行くと、それに見合った分だけ会社に売ってくれるんだ。そういうわけで三ヵ月ぐらい、福島の好間《よしま》炭鉱に行った。

手伝いといっても、鉱夫だね。炭鉱のなかへ入ってピックタガネで石炭を掘ったんだよ。ピックタガネでガラガラに粉砕して、スコップでそれをトロッコへいれて、トロッコをあげてもらう。炭鉱の入り口はね、高さがなくてかがんで入らないと頭ぶつけちゃう。ほいでね、あそこは暑いもんで俺も素っ裸。頭にキャップをかぶって手甲をはめる。それからすね当てみたいものをあてる。あとは前掛け一枚。前掛けだけでふんどしもしない。ふんどしつけてたって、汗でべたべたに濡れちゃうだもん。

トロッコには、巻き場ってのがあってトロッコへロープをくっつけてモーターで巻き上げるところなわけ。荷物がいっぱいになったから巻いてくれっていう合図はね、巻き場でベルが鳴るようにするの。そうすると、普通ならボタンをつけて押すと電源が入るようにするでしょう。それが、銅線がむき出しの、裸の線。で、線と線を手で接触させてやらないと電源が入らない。濡れた手でやるからね、運悪く電流が心臓を通ったんでしょうな、これで感電して死んじゃった人もいた。その人の弁当が余ったもんで、俺はそれを食べたちゃった。腹減ってて、もうたまらなかったんだ。軍隊のときは、中国にいたときでも食べ物はいい思いしたけど、ここではそんな調子にはいかないからね、みんなひもじい思いをしていたよ。

だから、働いたお金はみんな食べ物に化けたね。よく魚を買って食べたよ。小名浜が近くだったから、タコが主だったな。小さいタコだけど塩ゆでにしてね。タコばっかり食べてたけど、美味しかったよ。ふたりで小名浜へ買いに行って、一度に一貫目（三・七五キログラム）買ってきたよなあ。それでふたりですぐ全部食べちゃったもんな。炭鉱だからさ、三ヵ月の間途中欠勤をせず百パーセント勤務したっていうのは、二〇人行ったなかで、俺らふたりしかいなかったな。過酷だったから、風邪ひいて休んだりなんてのもあったからね。俺は皆勤だよ、まじめだったもん。

❖バナナを買う店、ミカンを買う店

いまはフィリピンとかエクアドルだとか方々からくるでしょう。むかしは台湾専門だったんだよ。戦争前なんかは、とくにそうでしょう。俺が十五歳くらいのとき、昭和十三（一九三八）年ぐらいだね。扁桃腺をひどく腫らかしたことがあったの。ほいで固い食べものはのど通らないの。しょうがねえから自分のお小遣いでバナナを買いに行ってね。それを食べた覚えがある。その時分バナナを売ってたのは、果物屋さんだけだったよ。ほかのところでは売ってない。だからね、バナナの思い出としては、自分が買いに行ったのでは、それが一番最初だね。

俺らの時分には遠足行ったって、バナナみたいな高いもの持ってくる子なんていないんだよ。リンゴはたまに持ってきた人がいたかな。バナナが果物屋以外に売ってなかった時分に、リンゴはもう八百屋さんでも売っていた。丸山には二軒八百屋があって、片方の店ではリンゴは売ってたね。で、それから戦後になってバナナがだんだん安くなってきて、果物屋さん以外で八百屋さんでもスーパーでもいっしょに売るようになったでしょ。だからそれまではバナナは貴重品だったんだよ。

八百屋にはバナナはなかったけど、スイカはあったな。スイカは百姓のところでつくってたからさ。リンゴは静岡ではできないでしょ。もちろん、バナナも地元でとれない。だから、八百屋っていうのは、地元でとれるものがおいてあるんだ。だもんで八百屋さんには、ミカンはむかしからおいてあったよ。ミカン畑、いっぱいあったから。

果物屋っていうのは、地元でとれないものを売ってる。果物屋さんは、むかしの府中、静岡市の繁華街のほうに行かなきゃなかったわけ。俺らの住む、二キロぐらい町へ行けば、果物屋さんとか呉服屋さんとかがあったよ。そのくらいの距離かな。でもそれは安東村のなかではなくて、「町へ行く」という言いかたをしとった。

丸山には、八百屋は二軒もあったけど、魚屋はなかった。魚はとなり町まで買いに行くんだ。だって、魚なんて青物みたいにそんなに使わなかったもん。魚だと、青物よりちょっと高級になるわけ。戦後になると、八百屋はスーパーみたいに大きくないけれど、缶詰売ったりさ、袋に入れてお米を売ったりするようになってったよね。それまでは、お米屋さんがみんなバラで一斗（約十八リットル）枡に入れて持ってきて、家の米櫃にあけてっただもん。

だから、八百屋さんで魚を売るようになったとか、そういうマーケット式みたいな売りかたは戦後だよね。そういうふうにいろんなもの売るようになったよ。魚屋さんは野菜を売るってのはちょっとなかったな。

❖クジラとイルカ

クジラ肉はね、静岡では食べないけど、東京へ行ってさ、東京で、中央気象台の食堂で食べた。テキ。よく出たよ、あそこは。また今日もクジラかってな具合で。お肉よりクジラのほうが多かったな。お肉は出なかったな。高かった、きっと。クジラのほうが安かった。静岡では食べないよ。

クジラはなんでクジラって言うのかっていったら静岡のほうでは、クジラが潮を吹くときに大体、朝の九時ごろ吹いたって言うんだ。クジラが潮を吹くと、「あ、九時ずら、九時ずら」って。静岡で「ずら」って「だろう」って意味なんだ。その「ずら」を略して「ら」だけにする場合があるわけ。「そうずら」を「そうら」って言いかたにするときがある。それで「くじら」って言うんだってね。

静岡あたりじゃイルカを食べたなあ。イルカはクジラとは違う。クジラはほとんど静岡では売って

築地市場でのマグロの競り（2009年2月、赤嶺撮影）

なかったよ。だから家でクジラを食ったたって覚えがないもん。イルカはね、もう小売の小さな魚屋さんに売ってて、賽の目に切ってあったよ。それを煮るんだ。イルカは煮てしか食べたことないよ。煮ものも皮はついたまんまでね、その皮がゴム食べてるみたいにかたい。で、俺あんまり好きじゃねえんだ。でもお袋が、これがうめえんだって食べるんだよね。俺はいやなんだよ。お袋が「今夜はイルカだ」なんて言ったら俺、みそ汁だけでご飯食べちゃったもん。

俺は魚の刺身のほうがいいだよ。でも、イルカのほうがずっと安かったし、刺身なんてめったやたら買ってもらえねえんだ。刺身っていったら、もう高級なんだよ。魚屋で、こっちが持ってったお金で、「何銭分ください」って頼むような調子じゃなかったかな。だから一人前いくらって、いまみたいにつくっちゃなかった。あのとき、生ものを冷やすのは全部氷だからね。お刺身ちょうだいって言ったら、そのまま冷蔵庫から出してくれた。そんなちっちゃい魚屋があったんだよ。大きな魚屋になると、もうガラスのケースのなかへ氷を入れて、外から見えるようにしてということもあったね。

❖丸山の風景

戦後、静岡に帰ってからは親父とお袋と同居で生まれた家に住んでたよ（図一）。いま考えるとウサギ小屋もいいところだな。割合中心地から外れたところなんだけど、バス通りに面してて、そこに三〇坪か、四〇坪の区画で家がずらっと建ってたんだ。商売屋もあったしね。間口が二間半（約一・四メートル）くらいの細長い敷地で、となりは醤油屋と小間物屋で、畳屋もあった。家のつくりは平屋で、表から裏へ貫く通し土間がある。土間が勝手場までつづいてるんだ。畳敷きの間は十畳が二部屋、片方は箪笥やら押し入れやらがあるから畳は六畳ぐらい。その奥にあるのが板の間で六畳ぐらいここでご飯食べたりなんかする。

図1：鈴木家間取

勝手場には、井戸って呼んでたけど、家のなかにポンプがあってね。ポンプで水を汲み上げて、水甕へ溜めとく。その水を、柄杓で使う。板の間のとなりに便所があってね。そのとなりに風呂桶がある。楕円形で、釜が前のほうについていて、そこから外へ煙突が伸びてる。薪は勝手場のほうからくべるんだ。だから、お風呂の水はポンプの口にブリキのパイプ状の樋をさしてね、水を引っ張ってって、風呂桶へ入れるわけ。ポンプは首が回るようになってるから、自由に方向を変えられる。本当に桶があるだけだったから、風呂に入るときはみんな、板の間で服を脱いですっぽんぽんで土間を歩いてたよ。流し場の近くには竈があって、ヘッツイって呼んでた。裏の庭は物干し場になっていて、となりの家との間に垣根はなかったな。

安倍川の伏流水の地下水があって、水には困らなかったよ。豆腐屋の井戸なんてね、丸い掘りぬきの大きな井戸で、水がざんざん流れてたよ。どこの家もみんなポンプがあったから、水道になったのは遅いなあ。単身赴任の前だから、たしか昭和四十四（一九六九）年ごろだ。

家は坪でいうと、三十三坪か三十五坪ぐらいあったのかな。寝るのは畳の二間。親父とお袋は、奥のほうの部屋にいたんだ。それから、お袋が昭和二十九（一九五四）年に亡くなって、もう三〇年代には親父ひとりだった。だからそれからは親父が狭いほうの部屋になった。板の間が共有の場所で、ちゃぶ台で食事をしたね。座る位置はだいたい決まってるだね。でも、俺はもう勤めだしてるから、いっしょにちゃぶ台を囲まないことが多いし、親父も働きにでたりしてたから、毎回、毎回、ご飯どきはいっしょじゃないわけだ。朝はばらばら、夜もばらばら。だって俺が朝早いもん。工場まで通勤に二時間かかるから、六時に家をでなきゃいけない。自転車で駅まで行って、電車に乗って、電車を乗り継いで今度は船に乗って。通勤専門の会社の船で、清水港から三保まで行くだよ。鵜飼の遊覧船があるでしょう、あれよりもうちょっと大きいような、焼玉エンジンの船。ポンポン蒸気って言ってたやつだよ。それから三交代だから、昼の二時ごろでるときもあるし。夜八時ごろでるときもあるし。

うちの前の家は下駄の歯入れ屋さんとか、傘屋さんがあったり、蕎麦屋があったりで、いろんなお店があったよ。下駄の歯入れ屋さんは、リヤカーを引っ張って田舎を回ってた。下駄の歯入れは、材料はほんとに板だよ。下駄専門の材料だけどね。鉋《かんな》を持ってって下駄に合うように削ったりして、それではめるんだ。下駄の歯入れって知らないでしょう。落語の本なんかにね、歯入れ屋さんの仕事してる絵なんかあるよ。それから、唐傘屋さんはね、本職だよ。竹の骨に糊を塗って、紙貼って。干し場に並べて、傘を干してさ。でもそんな大きなから傘屋じゃないから、大きな干し場なんてものはなくて、ひとりでやってた。男の人で、うちの親父とおんなじくらいの人だったな。家は二間半ぐらいだな。二間（一・一メートル）から三間（一・六五メートル）ぐらい、せいぜいそんなもんだね。傘を干すのは屋根に干したりさ。たいしたことはねえな、一度に干すのは五つか六つぐらいだったんじゃないかな。そんなに広くはないもの。

丸山町内には薪屋っていうのがあったよ。炭も売ってたね。煉炭とか炭団《たどん》とかいろいろあるわけ。薪は薪屋からも買うし、それだとお金がかかるから、山へ行って落ちてる枯れ枝とかなんとかを持ってきたり、ということも多かったね。古材をどっかから見つけて、それを家でのこぎりで引いたり、なたで割ったりして薪にしたりさ。もう据え風呂をやってる間中は、なるべく薪は買わないようにしてたよ。ヘッツイは長いことあったね。それがガスに変わったのは、昭和四〇（一九六五）年の末のほうだったかなあ。

親父の仕事はね、その時分も車で飴売って歩いたり、いろんなことをしてたから、自由業。ほんとに自由。だけどもう昭和三十五（一九六〇）年ごろにはやめて家にいたな。俺が生まれたのは、親父が四〇過ぎだったから、その時分には六〇過ぎてる。船員もやってたみたいだし、養蚕試験場へ行って、養蚕試験の学校へ行ってね、指導員になったりさ。で、いろいろだよ。はっきりしらねえだよ。そのあとは古道具もやってたな。古道具屋は店へも置いたしね、市場のほうでも売り買いした。深くは干渉しなかった。たいした規模じゃないもん、いずれにしても。古道具屋の前には、人力車引っ張ってたときもあった。その間になにやってたのかわからないよ。あちこち勤めて人足みたいなことをしてたのかもわからん。全然親父なんて当てにしなかったもん、どうぞご勝手にってわけで。だから生活支えてたのは、俺。

❖汲み取りから衛生車

便所は汲みとり式だったから、お百姓さんがまわってきて月に一度とりにきて、野菜を持ってきてくれた。大根とか白菜とか人参、牛蒡、ごくありふれたやつだ。それと汚物を交換する。お百姓さんは、桶に入れて、大八車へ積んではこぶんだけど、桶ったって、高さ五十センチぐらいかな、結構、大きいよ。柄杓で漏斗《じょうご》の大きいやつへがしゃがしゃって汲んで、漏斗の口からそのまま桶へ入れるだよ。外へこぼれないように静かにやってた。便所から表へ出すときにはさ、大八車までは天秤棒で両方に下げて持ってった。いや大丈夫だよ、桶の穴に新聞紙をぐるぐる巻いて、その上から木の栓をぴしゃってはめて密封してるから。

俺が子ども時分のときからおなじ人だったけど、となり近所は俺のところとおなじお百姓さんとはかぎらなかったと思うよ。人を変えると商売がたきになるし、そんな気は全然しないじゃん。向こうで「とらしてくれ」って言ってきたら、そんなこともあるかもしれないけど、向こうもそんなことやらないしさ。

昭和二〇年代までは汲み取り式だったと思う。三〇年代に入ってからはバキュームカーになっていったな。衛生車っていう業者の仕事になったんだよね。衛生車は、ぼろいもうけをしたと思う。だってあんなに汚い仕事だったら、余計にもらわねえと割りに合わないじゃん。だから多めに金額を言ってたりもしたと思う。お百姓さんは、あの時分は天命だと思ってたんじゃねえかな。良心的なところだとお百姓さんと提携結んで渡してたんじゃないかな。あとは衛生車の回収した汚物を浄水場で受けたところもあるんじゃないかな。

だからね、悪いやつになると肥桶《こえたご》いっぱいなのに、そこへ勝手に入れてって肥桶があふれちゃったとかさ。あとは農業用水に投棄しちゃって、問題になったこともあったな。

お百姓さんも肥料になるからありがたいってったって、あんまりたくさんありすぎてもなぁ。そりゃあ、あんなもん扱うよりは売ってる肥料のほうがいいもんねぇ。化学肥料が増えて来ると、お百姓さんもそっちのほうが楽だったんじゃないかな。肥料って、戦後だんだん安くなってきて、むかしみたいに高くなくなっただろうから、さ。

昭和三〇年代からポンプから水道に変わってる。昭和三十五（一九六〇）、六年にはもう上水道は入ってたと思うよ。昭和四十二（一九六七）、三年に家の前の道路が広くなって、それから下水道が通った。そのときにもう上下水道。だって、水道使えなかったら、水洗便所が使えねえじゃん。ポンプを潰して水道を引っ張ってくればいいだもん。だから上水道は下水の通る前からはいってたな。

❖近所づきあいっていうのはそういうもんだよ

家の片方のとなりがお醤油とお酒を扱ってて、戦後すぐには俺の家で密造酒を預かってた。密造酒は自分の家ではつくらねえで、仕入れてくるの。つくれるような規模の酒蔵を持ってると、部屋のなかに隠せねえから、ばれちゃう。だから製品になってる一升瓶と甕だね、焼酎甕。その両方を家の物置へ預かったよ。で、向こうは適当にとりにきたわけ。大体そこのお醤油屋さんでお客さんにお酒を飲ませたから。夕方から夜にはいつも五、六人はお客さんがいて、台所のほうで飲ませてたりしたかな。だからうちへ持ってくるときは店から運んできて、頼むよって。親父も俺も酒飲まないから、謹ちゃんの家に置きゃあ大丈夫だって言われて。

反対のとなりは小間物屋さんで、糸とかボタンとかリボンとか針とか扱ってね。問屋さんから自家用車の後部座席にめいっぱい商品を詰めて、店まで運んできてたね。東京まで行って講習かなんか受けて来て、化粧品も売りはじめたっけ。ハリウッド化粧品だったか。昭和三〇（一九五五）年にはやってたよ。その小間物屋さんは表が店で、バキュームカーのホースが通らねえだよ。仕方ないから、バキュームカーのホースをとなりの俺の家の土間から裏へ通してさ、小間物屋さんの便所につっこんでさ。となりの家の汚物がうちの土間を通ってったわけだね。だから、近所づきあいっていうのはそんなもんだよ。

❖家電をそろえるのは遅かった

洗濯機も電話も買ったのは、まわりとくらべて遅かったね。電話なんか両となりの家が商売やってるからさ、そこで使わせてもらえたからね。戦前なんて、普通電話なんて、めったやたらな家にはついてなかったよ。当時、電話ひくには国債買ったんだよな。国債を買うと電話機を貸してくれるわけ。とにかくそれは義務で、逓信所で電話ひく条件だった。だから電話料っていうのは、電話機の使用料を払うんだ。通話料も払うんだけどさ。電話機は借りもんだもん、レンタル。その国債を買い上げてくれて、それで電話機を買うようになった。それはそんなむかしじゃないよ。

電気は夜だけは子どもの時分からあったな。でも、昼間は来ねえんだ。電気は市役所に電気課っていうのがあって、そこに電気代を個別に払ってた。電球なんか売ってねえから切れると、その派出所へ行って取り替えてもらうの。東京あたりじゃどうか知らねえけど、静岡あたりでは市の電気課。それから中部電力に切り替わったんだけどさ。電気を市のほうで買ってそれをまた売ってさ。たぶん払いに行ったんだろうな。よく知らない。給料は全部初江にやってたから、家計なんて全然構わねえもん。俺は小遣いだけもらってれば、よかった。せいぜい煙草銭、ってくらいかな。煙草やって、パチンコやって、終わりってくらいの金額だよ。

テレビを買ったのは昭和三十八（一九六三）年ごろで、割合遅かったんだ。五万円ぐらいで、ボーナスで買ったんだ。働きはじめて十年以上経ってたけど、そのころは子どもが中学生ふたりに小学生がふたりだもん。生活は、そりゃあ大変だっただよ。かみさんは内職をずっとやっとったからね。茶袋をつくってたんだ。その時分はまだ、お茶の袋、封筒みたいなやつだよね、それにビニールをかぶせてたんだ。ビニールを熱であったためたもので押さえて、コテをあてるような格好だ。それを足でやる。そんな内職をしとったね。

昭和三十八年には、もうテレビは、ほとんどの近所の家に入っとっただよ。だから、「うちでも入れてくれ、入れてくれ」っていう子どもたちがうるさかった。それで、「よし、今度ボーナス出たら買ってやる」っていうことで買ったんだ。ボーナスは六万五千円ぐらいだね。その時分の給料がね、月四万から四万五千円。

昭和三〇（一九五五）年のはじめはね、給料は二万円ちょっとだったの。で、四〇年になるとね、五万円になった。このころそういうふうに、景気の上がりかたが激しかったんだよ。テレビは石井電気店っていう近所の小売商に自転車で行って買ったよ。それを向こうがちゃんと小型のトラックか、三輪車かで運んでくれた。オリンピックは三十九（一九六四）年だから、オリンピックはテレビで見たよ。オリンピックの期間中はね、職場でもテレビは入れてくれて、見れるようにしてくれたよ。冷蔵庫や洗濯機を買ったのは昭和四〇（一九六五）年過ぎてからだね。俺が会社の組合へ行った前だって、娘が言ってたから、四十三（一九六八）年ごろからだよ。遅いったって、買えねえもんはしょうがねえ。テレビをまず買って、冷蔵庫を買って、それから洗濯機を買った。洗濯機と電話といっしょがいっしょぐらいかな。テレビの次に冷蔵庫だね。冷蔵庫もね、やっぱり五万ぐらいだったね。買い物は全部一括払い。俺は月賦は嫌いだったから一括で買うしかしないよ。

❖びくっ子

俺が子どものころ、赤ちゃんを山で産んで、びく（魚籠）へ入れて帰ってきたっていう人がいた。びくっ子だって言われてる子がいたな。びくのなかに入れられた子を、「あれはそうだぞ」って、そういうふうな言いかたしたよ。びくっていうのは籠だよ。手提げのような、買い物かご。ミカンとかお茶とか、山仕事してるときに産気づいて生まれちゃってさ、そんなかに入れて家へ帰ってきたっていうだもん。それはもう経産婦でしょうけどね、初産《しょさん》じゃなくてさ。初産だとそんなことできねえわ、慣れてないと。

うちの子どもは産婆さんが来て、家で産んだね。四人ともおんなじ産婆さんだったなあ。畳の部屋で産んだんだけどね。俺がお産のときに家にいたのは一回ぐらいかな。いつも仕事に行ってる間に産まれちゃってね。帰ってきたら、もう産まれてた。お袋がいたから、任せてたよ。末っ子のときには、うちのお袋が亡くなってたから、妻の実家からお袋さんがきたね。そのときは俺もたまたまいて。初江は産後も家にずっといたよ。家事があるから、割合早く起きたんじゃない、むかしの人だから。

家の初産は、いやそんなに、大変っていうことはないね。あわてることもなく、順調に産まれた。ああ、産気づいた。産婆さんに知らせる。産婆さんが、なんだか潮の時間とか満ち干きとかとあわせて、じゃあ何時ごろだねえ、なんてさ。

むかしの産婆さんっていうのは、手なれたもんだって言えばいいのかなあ。産婆さんはお師匠さんについてちゃんと修行をしただもん。お師匠さんの産婆さんがいるでしょう。そこに見習いに入ってさ、ちゃんと腕が認められてっから産婆さんって独立した。「あそこの産婆さんはね、誰それさんの弟子だから、たしかだよ」とかさ。偉い名の通った産婆さんの弟子なら、みんなが安心するわけだ。

あの産婆さん、前から知っとったんで、心安かったよ。もともとはうちの姉さんがお世話になったのかな。となりの町の人だったね。そりゃあ正規の試験とか通らないとやれない。弟子入りして、現場実習をしながら勉強をして、それからお師匠さんに独立してもいいよって認めてもらわないとだめなんだ。だから産婆さんも助手の弟子をひとりつれて来るよ。産婆さんは四〇代、五〇代かな。だから慣れた人だよ、経験積んだ人だったね。優しい人だったなあ。やあそれはやっぱしなにか自分に手に職をつけたいっていう人が、むかしは多かったんだよ。なにか手に職をつけたいって。それはもう若いころから修行してたでしょうね。

❖みこがよかった

俺はね、上司に恵まれたのかなあ、みこがよかったんだね。[▼2] おなじいたずらをしても、悪たれても、片っ方の人間はだめ、「あいつの言うことなら」ってんで、俺をとってくれたっていうことが割合あった。それは、お袋の影響力のほうが強いんじゃないかなあと思う。うちのお袋っていうのはおもしれえんだ。むかしは、月のはじめにとか、定期的にまわってくる乞食さんなんかがいたのよ。それもひとりやふたりじゃねんだ。いろいろな人が来たよ。ときどき来るような人もいる。そのなかに、女の人でまわってくる人がいたんだよ。お袋は、その女の人の髪を洗ったり虱とってやったりしてた。だから乞食さんを見ても違和感は感じなかったなあ。それから向かいに、俺より小さい男の子がふた

▼2　みこがよかった　「みこがいい」は、静岡の方言で、かわいがられる、気に入られる、という意味。

りいたんだよ。夫婦とも共稼ぎでね、お父さんはあの下駄の歯入れ屋さんで、お母さんは製茶工場へ働きに行ってたんだよ。夜に残業があって、夕方帰ってこないときがある。そんなとき、ふたりともおなか減らして泣いてるだよ。お袋は、ふたりを家に呼んできて飯食わせてやったりしたよ。それで、戦後にその兄弟の下の子に街中で会ったことがある。「謹ちゃん、おばさんどう?」って、「うん、まだ生きてらあ」って言ったら、「おらあ飯もらったこと忘れないよ」って、言ってくれたことがあったんだ。俺らだってね、食うや食わずだったんだよ。

うちのお袋はね、俺にこんなこと教えたの。「籠に乗る人、担ぐ人、そのまた草鞋をつくる人。人間はどんな人でも誰かの世話になっている」、そういうふうなことを言っていてね。どこで誰のお世話になるかわかんねえから、困ってる人や弱い人を見たら助けること。そういうことを言っていたね。

それからもっと面白いのはね、天智天皇の「秋の田の仮庵《かりほ》の庵の苫《とま》をあらみ吾が衣手は露に濡れつつ」ってあるでしょう、百人一首の句が。あれもね、全然違う解釈をしていてね、天智天皇っていうのは天皇さんのなかでも一番偉い天皇さんだった。そしてこの人は百姓が田や畑を耕すのに一生懸命働いて一日に草鞋を十も履きつぶして、「わらじ」をだよ、「とまをあらみ」じゃないだよ、草鞋をどうも履きつぶして一生懸命働く人をね、かわいそうに思ってその流れた涙を衣で拭いているんだと。だからね、偉い人ほど人の面倒を見る、かわいそうだと思って憐みをかける、そういうもんだぞって言って。そういう話をしてくれた。全然歌の意味は違うだけどね。

【聞き手　大賀由貴子】

《聞き手のつぶやき》

鈴木さんから何度かお話を聞くなかで、まず驚いたことは、八〇年以上前のことをつぶさに覚えておられたことだ。私などは、十年前のことでも覚えていることは少ないから、記憶の仕方が違うように感じた。鈴木さんのお話は内容が面白いだけでなく、語り口もとても楽しく引き込まれる。鈴木さんはできごとを、その語り口を含んだひとつの物語として記憶されているようだ。それが、私にとってとても新鮮だった。

望月兄弟商会時代の話では、肥料としてニシンよりイワシの魚粉が使われていたこと、また大豆粕の使われる分量が多かったため、配合肥料の上で相撲がとれた、というエピソードは、ニシンの漁獲量の減少や大豆粕の輸入増加など当時の世のなかの動きとまさに連動している。鈴木さんの話を通して、本で読んだ数行の文章としての知識に肉付けがされて、もっと立体的な事実として理解できるようになったと思う。

ミカンは八百屋にあるが、リンゴはどちらかというと果物屋にある、という話もとても興味深かった。私の感覚ではミカンとリンゴはほとんどおなじレベルの食べ物なのだが、それは日本中の果物を簡単にスーパーで手に入れることができるという時代の価値観だったのかと、気がついた。もしかしたら、おなじころ青森県ではリンゴが八百屋に置かれてミカンが果物屋に置かれていたのかもしれないなど、いままで考えたことがなかった視点を教えていただいた。

何をするにも努力を惜しまず、それでいて明るく愉快に時代の波を乗り越えてきた鈴木さん。身近にこんなすごい人がいたことを知ることができて、お話を聞くことができてよかった。鈴木さん、本当にありがとうございました。

なんでもうちでつくって食べとった

山本《やまもと》経子《つねこ》さん

昭和十一（一九三六）年、愛知県東加茂郡足助町（現在の豊田市）に生まれる。昭和三十一（一九五六）年に結婚。現在は愛知県豊川市に住む。

❖結婚

結婚する前は、今は合併して豊田市だけど、愛知県東加茂郡足助《あすけ》町に住んどったよ。わたしの父が全国校長会長で出会って仲良くなった人の息子が、お嫁さんを探してて、わたしは呼び出されてお見合いして、そいで別に良いとも悪いとも言わんうちに、結婚式がきちゃったわけだ。結婚式はね、家でやっただよ。結婚式のご飯はお赤飯と茶碗蒸しに煮物とてんぷらみたいなものだったね。それが昔のごちそうだよね。

❖幼いころの記憶

家は牛を二頭と、ニワトリと、ヤギ飼ってた。ヤギのお乳は沸かして飲んでたね。ニワトリの卵は売って生活費にしとった。年とってきて卵産まんくなるもんで、廃鶏というんだけど、廃鶏になるとうちでニワトリの肉を食べた。調理する前に毛をむしり取るんだけど、毛が残るから藁を火で燃やしてそのうえで鳥を回しながらあぶって毛をぜんぶ焼いてしまってから食べたね。

あとウサギも飼っとったけど、やっぱり大きくなると食べたよ。殺して皮をむいて、煮たり焼いたり。ウサギは耳を持って、金槌で眉間をたたいて殺すだもんで、かわいそうじゃんね。だけど、そうやってたんぱく質を補給しとったっちゅうことだね。月に一度くらいはそういった動物の肉を食べとったかな。牛は大きいもんでね、あまり殺さん。ほいでも殺したときは、みんな近所の人におすそわけして食べた。

わたしのおばあさんが肉が嫌いで、「肉食べると、一緒に寝てあげん」って言ったもんで、わたしはあんまり食べんかったけどね。おばあさんは、肉の臭いがするって言って、わたしがなんの肉を食べたときでもでも嫌がったもん。歯磨きなんか昔しんもんで、臭いがするだよね。歯磨きはしなくても砂糖なんか貴重品だから食べないし、虫歯にはならんかった。ほいでもたまに砂糖を、大人がおらん時に姉ちゃんとふたりで盗んで食べたけどね。台所の戸棚のなかに、瀬戸物のふたがついた鉢があって、そのなかに砂糖がはいっとった。お皿に出してきて、さっと食べたわ。

炊事場は昔は土間で、床が土じゃんね。だもんで草履をはいとった。学校の上履きも草履だったしね。配給で配られた靴はよそ行きにとっておいて、普段の通学のときもほとんど草履をはいとったね。

夜なんてテレビなんてないもんで、草履編むのが夜の仕事みたいなもんだった。親がつくってくれるときもあれば、自分でもつくったけど、自分だとなんでか左右が同じ大きさにならん。それに、自分でつくったのは、歩いとるとぼろぼろとわらがほどけてきちゃって、おかしかったわ。それにくらべておばあさんがつくった草履はしっかり強く編んであったで長持ちしたな。細く割いたきれいな木綿の布を、わらと一緒に編みこんで、きれいな草履をつくってくれたこともあったな。下駄もホオノキでつくったね。

それから、真竹はなくてはならないものだったね。真竹って竹があるだけど、それが大きくなっていくと、皮を落とすもんで、拾って、乾燥して売った。お弁当包むときにいつも真竹の皮を使っとったたよ。包み紙として使えて便利だもんで、菓子屋さんとか、街の人が買いに来た。

実家では、山から水を引いてくるのに真竹をつなげて水路にしとったしね。そんときは水道なんてないだもんで、その竹の水は池に流れるようにしておいて、そこに金魚とか鯉を飼ってた。そんでお皿とか洗うと、ご飯の残りかすを金魚たちが食べるじゃんね。そういえば風邪をひいて高熱をだしたときは、金魚を食べさせられたなあ。七輪で金網の上で炭火で焼いて食べた。おいしくないもんで全部は食べれん。でもなんでか熱は下がったなあ。

それと、マムシが今でもよくでるけどね、昔はマムシをとるとね、傷薬にしたよ。五月から九月まででくらいはマムシのでる季節だもんで、田んぼに杭を必ず一本置いといて、見つけるとそれで頭の方を押さえつけて、火箸で挟んで水が入った一升瓶にいれる。そのあと水のなかにうんちを出したりしてマムシの体内がきれいになるのを待つ。なんも排泄しなくなったら水と汚物を流してかわりに焼酎を入れてつけてずっと一年くらいつけておく。そいでもマムシは一ヵ月くらいは一升瓶の中でも生きるだよ。まだ生きとるなあってよく見とったな。生きているマムシじゃないと、エキスがでないから死んだマムシではだめ。それでできた薬は傷口にぬるとか、飲んだりもしたかな。薬屋に持って行くと買ってもらえただよ。

今ではうちのおじいちゃんはエンジンのついた草刈り機でマムシを二つか三つに切っちゃうけどね。おじいちゃんもやっぱりマムシが怖いもんでね。

❖食生活

なんでもうちでつくって食べとった。お茶っ葉も自分でつくるだもんで、昔は。お茶っ葉は土手にあるもんで、積んできて蒸し器で蒸して、筵《むしろ》の上でころがして日陰干しとくとできる。ほうじ茶がよけりゃ、土でつくった浅い鍋で炒って、ほうじ茶にするだよ。絵本のぶんぶく茶釜に出てくるような鉄の茶釜を本当につかっとった。

みんな米の裏作で麦もつくっとった。畑では野菜も大豆もソバもつくっとった。ソバはひいて、自分たちでうったのを食べたよ。ソバやうどんやとろろを食べるおつゆは、ハゼをお出汁にした。海の近くの親戚の家へ行って、船に乗せてもらってとってきて、ハゼを焼いて串に刺して干したのを出汁につかった。

豆腐もつくっただに。今じゃ、にがりは買うけどね、昔はわらでつくった叺《かます》という袋いっぱいに塩の岩塩を買ったもんで、それを瀬戸物の瓶の上にのせとく。そうすると下ににがりが落ちるで、豆腐をつくるときにつかった。コンニャクをつくるときはね、苛性ソーダがいるじゃんね。それもね、かまどに残った灰に水をいれてそれを布でこして、それが苛性ソーダ。それを磨ったコンニャクイモにに入れてコンニャクをつくって食べただんね。

アルコールの原料になるからサツマイモは農協にだしたな。戦時中はガソリンが日本にないもんだから、飛行機に載せるガソリンなんかをちぃとでもつくるようにってね、掘ったサツマイモを薄切り

コンニャク（左上）とソバ（右上）、ソバ畑（下）（いずれも赤嶺撮影）

にして、筵にほして、乾いて真っ白になったら農協の集会所に持ってった。

❖米作り

最初は鎌で全部やっとったな。稲刈りも、草刈りも、麦刈りも、全部。戦後に草刈り機になった。ほいから耕運機、トラクターも使うようになってった。いちばん最初に草刈り機なったのは一九七二年頃だったかな。

今は化学肥料を使っとるけど、昔は自然の肥料だでね。秋になると山から落ち葉を持って来て田んぼのふちにおいて腐らせて、それを肥料にしとった。それをゴカキというだけどね。ゴビクっていう藁で編んだ一メートルくらいの円形の入れ物に落ち葉をいっぱい入れて運ぶもんで腰が痛かった。大変な仕事だったけど、オモダカっていう花がきれいで心が救われたな。白い花びらの小さめの花で、田んぼのふちとかに咲いとる。オモダカはわたしの大好きな花だもん、見るだけで嬉しくなった。

今はゴカキをやらんもんで山が荒れちゃったね。ゴカキをするとき、小さい木とか邪魔になるのは切っちゃうから、自然に山の掃除ができた。山の掃除すれば雑草とか雑木を払うから、必要な太い木だけが育ったじゃん。そいで切っちゃった木は薪にしただよ。だけどみんな横着になってきて、もうやらんくなったね。

ゴカキは冬のあいだに麦をつくりながらやって、六月ごろに田打ちをするときにその肥料を土にまぜる。麦をつくるときは田んぼに水を入れないもんだから、落ち葉を置いておく大きなスペースをつくれるじゃんね。田うちは馬でした。耕運機で今はやるけど、鍬を馬が引っ張って田んぼのなかの土をひっくり返したじゃんね。

脱穀機はわたしが小さいころからあったな。脱穀したら、家で筵に薄く広げて日干しして、そいからみんな近所でまとまって機械で籾摺りをする。ロールでずーっとこすって籾殻と玄米とに分ける。籾摺りをするときに籾を運ぶんだけど、竹箕みたいな、蔓でできた入れ物で運ぶ。そのときに人手がいるもんで、みんな手伝いに出たわけ。

昔は、農薬とかないもんで、年に四回くらいは田の草取りをしなくてはならんかった。腰は痛くなるし、何本も草の根を引っ張って抜いてるうちに指も痛くなるし、たいへんなことだに。稲の葉っぱの先が目に入ってしまって痛かったことも覚えてる。取った草が片手にいっぱいになったら、泥がついたまま、まるく団子のようにまるめて、足で三十センチくらい深く踏んごむ。埋めて腐らしたら、またそれが肥料になるもんね。

稲につく虫を駆除するには、年に一回九月ごろ、虫送りっていう行事があった。子どもたちが松明をたいてみんなで畦を歩くじゃん。そうすると虫は火に誘われてついてくるから、村はずれまで歩いて行って虫をおいだした。松明を持ってる子とお札を持ってる子といて、村はずれまで行くと、その松明でお札を燃やしてから帰ったね。どんくらいの効果があったか知らんけどね。地域の行事としてずっと残ってきたっちゅうだけかもしれん。

結婚してこっち来てからも、同じように農業を手伝ったよ。忘れもせん、昭和三十六（一九六一）年の五月三〇日、田んぼの草取りから帰ってきたら、三〇羽おったニワトリのうち二羽が死んどった。おかしいなと思ったら、小屋の隅にアオダイショウがおったの。アオダイショウが鳥の首を絞めて血を吸ったんだなということになって、姑さんが「ちゃくっとやれぇ！」と言ったで、一メートルもあるアオダイショウの首をわたしがちょん切っただよ。いやだったけど、嫁に来て数年だもん。姑さんの言うこと聞かないかんじゃん。姑さんがアオダイショウのしっぽを押さえつけとって、めちゃくちゃ暴れとるアオダイショウを、木の枝を剪定する用の長い柄のついたはさみで切った。えらいことだよ。今の子はこんなことできんだらあ。

❖バナナとクジラ

バナナは高級品で庶民の手には入りにくかったわ。でも果物かごのかごもりの材料になっとったり、たまにお祭りとかになると、バナナのたたき売りっていうのがあった。そんでもバナナは病気の時以外は普段食べんかったね、一回か二回しか食べたことなかったわ。おいしいもんだと思った。そいで結構おなかふくれたもんでよかったわ。台湾のバナナが多かった気がするなあ、年中あるわけじゃなくて、夏ごろしかなかったと思うよ。それか、夏しか風邪をひかんかったのかもしれん。

給食なんかでクジラの肉が何回も出た。戦時中は、クジラは配給で配られたよ、配給ってわからんかね。役場の人が家庭にどれだけずつか配るじゃん。戦時中はなんでも配給だったよ。米でもね、衣料品でも。戦時生活は統制されとったもんで、自由に買えるものはなんにもなかったわ、店に売るものないだもんね。

戦後も、クジラの肉は売っとったで、食べた。魚屋さんで塊で売っとるの。買うのは何グラムって言って、切ってもらってさ、カレーに入れたりとか、今のお肉のようにつかっとった。煮たり、焼いたりして食べたよ。クジラのカツもあったかなあ。鯨カツだ。クジラの肉はわりあい筋がないけど、あんまりおいしくもないし、硬い感じがしたなあ。赤紫みたいな色しとった。あと、ころころ煮という料理で食べたな。一センチ角に切って、生姜を入れて甘辛く煮るやつ。井戸につるすざるに皿を入れてつり下げておいて、保存しといて何回も食べたよな。保存食みたいにね。冷蔵庫が来る前はそうやって、井戸でつめたくしてた。温度は十四度くらいで井戸の深さは八メートルなんだに。深い井戸に、豆腐とかをかごにいれて、下げて、六メートルくらいのとこにつるしとくだ。それが冷蔵庫がわりだった。

❖新しい道具と高度経済成長期

みんなの家が冷蔵庫を買いはじめたころ、うちも冷蔵庫を買ったよ。昭和四〇（一九六五）年くらいだったかなあ。昔のは、今より小さいの。いまの冷凍庫くらいの大きさしかなかったでねえ。でもまあ、今みたいに冷凍食品だなんだってないもんで、つくったら食べて、なかったらつくっとったで、そう不自由しんかったけどな。豆腐、牛乳、肉類、魚類の保存ができるのは便利だったし。牛乳があるから、山羊を飼うのをだんだんやめた。豆腐もつくらなくなって、楽になった。

この辺じゃ、林さんとこがテレビを早く買ってねえ、見に行ったことがあるよ。昭和三十四（一九五九）年の皇太子殿下の結婚式をみんなで見たね。おじさんがコロムビアっていうレコードの会社に勤めとったもんで、昭和三十八（一九六三）年にうちも、そこの会社がだしてたテレビジョンを買ってねえ、うれしかったよ。だけど色の識別が悪くて、まっ赤っかになった覚えがある。ヒーダー線を山のほうまでもってってねえ、そうしてやってもまともな絵はでないだけどね。ざらざらの絵ばっかで。

洗濯機はおじいちゃんの学校の共済組合の斡旋商品で買った。その当時の洗濯機はね、手絞り式なの。ロールをぐるぐるぐるっとやって絞るだでね。それまでは洗濯物はね、たらいと洗濯板でごしごしやるだよ。石の上で川で洗ったりもしとったけどね。石鹸はうちは買ってたけど、山には石鹸のできる木の実もあるだよ。なんちゅう木だかわからんけど。

洗濯機が来てから下着を毎日替えるようになった。農作業の衣類は泥がついとるで手洗いをつづけたなあ。洗濯機は井戸水をポンプで汲みあげて使用しとっただけど、電気代が高くついてびっくりで、炊飯はもっぱらまきで行って電気代の節約をしていたよ。

❖今の生活について思うこと

昔は魚一豆一野菜四という生活をしとったけど、今は逆のような気がするなあ、そんな人たちの体どうなっとるかわからん、血液は汚れるし、おそろしい食生活だやあ。わたしなんか、物心ついてきたら肉が嫌いになっとったね。うちのウサギや鳥を食べるのはかわいそうで。鳥もウサギもうちで殺すだで、あんまりお肉をよそで買わんで自給自足しとったけどね。

それにくらべると今は、なんでも買って贅沢三昧だし、四季がないでしょう、食べ物に。いつでもなんでも食べられるようになったのはうれしいことだけどさ、なんだか変な生活だで、人間の体が心配だわ。

【聞き手　山本祥子】

《聞き手のつぶやき》

わたしの家は畑田に囲まれていて、サルとシカとイノシシに荒らされながらも祖父母が野菜や米をつくってくれている。もう八十歳にもなる祖父母だ。

今回聞き書きをして祖母の昔の生活がほぼ完璧な自給自足であることに驚いた。今のようにスーパーなどない時代に自給自足であることは当然と言えばそうだが、いつも一緒に暮らしている祖母からウサギやニワトリを殺す話を聞くことによって、本を読んで知るよりも、よりリアルな想像ができて衝撃を受けた。

今回聞き書きをして、祖父母がずっと野菜や米作りを止めない気持ちがわかった気がした。今まではこのことについて、うちは田畑があるから、当たり前にそこで野菜や米を作っているだけのことだと思っていた。しかし、祖父母が必死に農業をつづけるのは、このような生活を経験してきた人たちだからこそだと感じた。祖父母にとって、すべて他人がつくったものが食卓に並ぶ生活はさみしいものであり、不自然なことなのだろう。

高度経済成長期という時期は、三種の神器が現れた時期だと歴史の授業でおそわって、工業の面の成長ばかりに目をつけていた。しかしひとつのことが変わればそれに伴ってすべてのことが変わり始める。農業のかたちは、すさまじく変化してきたのだと実感した。食の変化にも、その食品の輸送手段の変化やその他の社会的な変化が背景にあるのだと感じた。

第二部　自分でつくっていた社会

古町《ふるまち》　暹《のぼる》さん

店で買って食べるような時代やなかった

昭和九（一九三四）年、北海道網走市南部にある東藻《ひがしも》琴村《ことむら》（現、大空町）に生まれる。昭和二十二（一九四七）年に、兄と二人で岐阜県下呂市に移住。高校卒業後、県職員となる。昭和三十六（一九六一）年に結婚後、岐阜市内に引っ越す。その後昭和五十二（一九七七）年に各務原市に家を建て、現在もそこに居住している。

❖農業で生計を立てていた

東藻琴っていうのは、網走市から車で一〇分の藻琴から、さらに内陸に三〇分いったところなの。家族構成は母親、兄さん、姉さんと、自分の四人家族。父親は、俺が二歳のときに、亡くなってる。だからそれ以来、お母さんが三人の子どもを育ててくれたことになるね。母親は農業をしていて、それで生計を立ててた。砂糖大根、つまりビート▼1っていうのを生産して出荷してたの。ビートってのは、大根みたいなやつで、そこから砂糖が精製されるものなんだけどね。そういう砂糖大根を春に植えて、冬に出荷する。そうすると砂糖って当時は貴重だったということで、一番豊富に栽培できた砂糖大根

▼1 ビート
テンサイとも呼ばれる。地中海沿岸から中央アジア原産のアカザ科の二年

は大きな収入源になったよ。ほかにはハッカ、[▼2] あの強いにおいのする植物。香水の原料とか、飴のなかに入っとるハッカ糖なんかになるやつね。そういうもんを栽培して収入源にしてた。

❖自給自足の生活

基本的に自給自足の生活だったよ。うちの畑では麦とか野菜を自給用に栽培してたの。だから、俺が小学校へいっとったころ、戦時中だけど食べるものには不自由しなかったね。砂糖も戦争中は配給やったけど、ビートを煮詰めてドロドロの黒い飴にして、それをうちでは砂糖のかわりに煮物に入れとったね。

住んでたのが高冷地だったから、米はとれなかったよ。函館とか南のほうから買って食べてたけど、ほとんど米は手に入らんかった。麦ばっかやった。麦ご飯が主食だったの。米を食べるのは、なにかお祭りごととか行事のあるときだけ。

肉や魚っていうのも、いつでも食べれるわけじゃなかったよ。当時、みんな自家用でウサギとかニワトリとかを飼っとってね、それを潰して食べたの。買ってくるなんてことは、そうそうなかったよ。ウサギなんかは、あっさりしとって、かしわに似とったなあ。

うちだと、ブタを屠殺して食べたりしてた。正月用のご馳走としてね。まだ冷蔵庫のない時代だから、ブタは冬場しかダメなのよ。だって、あんなのいっぺんに食べれんやろう？　だからあれは十二月ごろ潰してね、家の倉庫とか物置にぶらさげとく。そうすると北海道やで、冬場だとガチガチに凍っちゃうのよ。そうやっといて、ノコギリで切って、よく食べた覚えあるなあ。そのかわり、冬が終わると、肉とかタンパク質は、一切なし。毎年そうやってブタを食べてたから、経験でどんだけ食べれるか知っとるもんで、家族で食べ切れるだけ潰すの。あまって捨てることもなかったね。やっぱ、

草。熟した主根には十五%から二十五%の糖分が集積され、これを圧搾した汁から砂糖を製造する。また、茎葉やしぼりかすは飼料とされる。日本には明治時代に欧州から渡来し、北海道が主産地になっている。

▼2　ハッカ
広く日本に野生し、また栽培されるシソ科の多年草。乾草からハッカ油を抽出し、これがメンソールの原料となる。

いまみたいに、店で買ってきて食べるような時代じゃなかったもんで、当時はみんな、そうやって肉を食べてたよ。

子どものころ、お菓子みたいなのはなかった。唯一食べた覚えがあるのが、フルヤのミルクキャラメル[3]。いまじゃキャラメルなんて安く手に入るけど、当時は、それはもう高級品だったね。あとおやつ的なものは、自家生産するトウモロコシとかカボチャの煮物。カボチャはおかずで食べるみたいに、濃い味つけはしなくて、そのまま、茹でてちょっと塩かけて食べるの。いまもそうだけど、当時から北海道のカボチャは、ホコホコしとっておいしかった。

トウモロコシは、いまでも食べる粒の黄色い普通のと、ところどころ粒の黒いモチキビっていうやつ。両方つくっとったよ。モチキビっていうのは、粘りが強くて歯にひっつくようなやつなの。普通のと比較すると、味が濃くてネチネチしとったね。あれは木も大きくならんくて、背も低くて、実もそうならんやつやった。普通のは、一本の木に二つくらいなるけど、モチ種は一つしかならなかったの。できる量がすくないから、あのころは、普通のやつのほうが、圧倒的におおくて、モチキビはあんまり栽培しなんだんでないかなあ。いまじゃ、モチキビなんて見ないけど、当時はめずらしいもんではないよ。そうたくさんはつくれんけども、どこでも、すこしは栽培しとったもんで。

❖山が遊び場

ヤマブドウなんてのを採って食べたね。秋に山林へ入ってくと、自然にブドウがたくさんはえてるの。それを友達とよく食べにいったよ。見た目がおなじでも、木によって味がちがうんやね。でも、友達もみんな、すっぱいブドウの木と甘いブドウの木がどこにあるか、もう知っとるの。毎年食べとるから、「あそこの木はすっぱいよ、こっちの木はすっぱくないよ」ってことを、ちゃんと経験で覚

▼3　フルヤのミルクキャラメル
札幌歴史資料館ホームページによると、大正十四（一九二五）年に北海道札幌市に本社を持つ古谷製菓から発売された商品である。

えとるんよ。学校にいくときも、ブドウの木がはえてるような山のなかを、とおってくの。だから通学路の横にある林の木について、「あそこの木は、すっぱいぞ」とか、上級生から教えてもらったりもしてたから、よく覚えてたわけやな。当時、ブドウは、いまみたいに売っとるような時代やなかったよ。俺らはブドウっていうと、自分で採ってくるヤマブドウしか知らんかったもん。そのぐらいしないと、おやつもなにもないし、友達と遊ぶのは、山でブドウ採るみたいな遊びしかなかったんよ、その時代は。

冬はスキーで、そこらじゅう山をすべって遊んでたよ。雪が積もると、山のなかで足がズボズボとられちゃうから、スキーでないと学校にいけないの。だから、冬になるとみんな、スキーの板買ってもらって、それを長靴ですぽってはいて、リュックサックしょって通学しとったよ。でね、学校にいくときは、当時の小学生が上級生と一緒に山のなかへ、ずーっとスキーの道をつくっちゃうわけよ。大きな木を避けてまっすぐな道を自分たちでつくるの。家から学校まで、低い山を三つ越えてくんだけど、普通に歩くと一時間ぐらいかかってた。普通、山を越えるとき、まっすぐいくんじゃなくて、道が蛇行するやろう？　だけど、冬はまっすぐな道をのぼっておりてくから、距離的に短縮されるし、おりるときはスーッとすべって、走るよりも速いわけよ。で、のぼるときも、歩くのとおなじぐらいの速さで、のぼっていける。だで、冬になると半分の三〇分で学校までいけちゃったね。

こうやって冬になると、みんなでスキーですべったり、ジャンプをして遊ぶっていう場所にいたの。いまは、当時より雪がすくなくなったし、道がよくなって、車にチェーンつければいくらでも走れるもんで、むかしほどスキーは利用されてないんじゃないかな。

❖網走港のクジラは大好物

雪解けごろの二月から四月ぐらいだったかなあ。そのぐらいには、ニシンがよく捕れたね。北海道のオホーツク海側は、春先のニシンっていうのが有名だった。うちのおばあちゃんが、大きな箱でさあ、ニシン買ってきて、それを塩漬けにして、干して食べたなあ。これは当時の保存方法なんよ。

ニシンとおなじぐらいの春先には、網走港にクジラが揚がってたね。網走までは、国鉄と軽便鉄道[4]を乗り継いでいかなきゃいけないから、時間かかった。それに当時、軽便鉄道っていうのは、一日に数回しか走ってないから、網走まで行く機会はあまりなかったんよ。けど、港でクジラが揚がると、俺らの住んどった地区の近くにあるお店屋さんに、クジラが入るもんでね。それで、網走港にクジラが揚がったんだなあってことが、わかったわけ。クジラの種類までは、さすがに覚えとらんけど、あのころ網走港に入ったクジラは、そう大きなもんではなかったんでないかなあ。[5]

肉とか魚とかタンパク質があんまりなかった時代だったから、クジラってのは、ほんとにおいしく食べて、子どものときは大好物だった。お母さんがブロックで買ってきて、それを適当に切ってな、野菜と一緒に炒めたり、竜田揚げみたいなのにして食べた覚えがある。当時、冷蔵庫なんかない時代やけども、夏場でなかったから、多少の保存はきいてたと思うよ。

あと、いまみたいなサラダ油っていうのが、まだ市場に出回ってない時代だった。だから、クジラの油を、てんぷら揚げるのにつかってたの。すこし、臭みがあったような記憶があるけど、当時は日常的に、クジラを食べてたから、あんまり苦にならなかったんだろうね。ほかに、あのころは電気のない時代だったから、ランプの燃料にもクジラの油を、つかっとったはずだよ。うちではランプの燃料は石油ばっかりで、直接つかったことがないから、くわしくはわからんけどもね、それは。

▼4　軽便鉄道
一般的な鉄道よりも規格が低く、安価に建設された鉄道。北海道では開拓入植の促進のため、盛んに敷設された。

▼5　大きなもんではなかったんでないかなあ
網走市のホームページによれば、当時、オホーツク海で捕られていたクジラはミンクジラ、ナガスクジラ、ザトウクジラだったと推察できる。

網走で水揚げされたツチクジラ（2012年8月、赤嶺撮影）

北海道を出て以来、クジラは食べてないね。最近では、クジラって、東京とかの料亭あたりで出すこともあるし、高級品志向やろう？　むかしは、クジラはその地元の人が食べてて、商品化・ブランド化はしてなかったけど、いまは一般の家庭で食べるってことも、なくなっちゃったね。網走港も、当時は環境問題がなかったもんで、どんだけでも捕ったけれども、いまはクジラが揚がるなんてこと、ほとんどないんじゃないかな。▼6

❖北海道から下呂へ

昭和二十二（一九四七）年、中学一年のときに、兄さんと一緒に下呂に移動して、そこでは叔母さん（母親の妹）の家にお世話になった。叔母さんのもとで、俺は、下呂中学校、地元の高校へ進学したの。当時、北海道は冷害がつづいてね、農作物が思うように生産できなかった。それが長年つづいたから、兄は農業を継ぐつもりでやってたけど、見切りを

▼6　いまはクジラが揚がるなんてこと、ほとんどないんじゃないか
網走では、乱獲にともなう資源の減少で捕鯨会社が少しずつ撤退し、昭和三十七（一九六二）年までに、日本水産などの大手捕鯨会社はすべて撤退した。その後、昭和五十七（一九八二）年にＩＷＣ（国際捕鯨委員会）が商業捕鯨の一時停止を決議し、当時の捕鯨対象種であった十三種の捕鯨が禁止された。日本は、この決定に異議申し立てを行っていたが、昭和六十一（一九八六）年に異議申し立てを撤回し、翌昭和六十二（一九八七）年を最後に、網走港では対象種の捕鯨が中断された。その後、網走では、ＩＷＣの管理下にないツチクジラ漁だけが継続されている（二〇一二年の捕獲枠は四頭）。

つけて内地にきて、新しい道を開拓したってわけやな。いまじゃ、北海道まで飛行機で数時間でいけるけども、当時は飛行機も新幹線もなくて、急行なんてあんまりないし。だから、北海道から連絡船で本州に渡って、国鉄の鈍行に乗って、網走を出てから三日目にやっと下呂についた記憶がある。姉は北海道で酪農をやってる農家に、嫁いでった。母親もしばらくは北海道にいたけども、農業やめてこっちにきたよ。そのときに農地は富男さんっていう、母親の弟に全部引き継いだの。そのあとは富男さんが農地を耕作してた。叔父さんも亡くなったから、いまじゃその農地も人の手に渡っちゃったね。

❖主食が不十分のなかでの楽しみ

そのころはまだ配給制度がつづいていて、思うように米は手に入らなかった。だから、当時はお米のなかに、大根入れたりサツマイモ入れたりして、ご飯の量を増やしてたわけやな。俺が中学校を卒業する昭和二十五（一九五〇）年ぐらいまで、配給[7]があったと思うから、それまでそういう食生活やったね。

配給が終わってから、米がある程度手に入ってきたもんで、大根ご飯とかイモご飯ってのが、食卓からだんだん姿を消していったと。でもその当時でも、いまみたいに、たくさん米屋さんがあったわけではなかったから、そうたくさんは米は買えなんだね。だから、下呂ではあんま贅沢できる状況でなかったよ。北海道におったときは自家生産して、麦ご飯食べたもんで、十分に食べれたけど、下呂にきてからは腹減った。下呂の本家が百姓だったけども、配給のために米を何俵出せっていう割り当てがあったから、そこでも大根のご飯とかそんなやつが、おおかったでね。

そのころ、中学時代や高校のはじめのころに、一番楽しみやったのが、本家へ田植えやら稲刈りを

▼7 配給
昭和十七（一九四二）年、東條内閣が食糧管理法を制定した。同法律のもと、戦後も米穀配給通帳にもとづき、食糧が配給された。昭和二十六（一九五一）年に食糧配給公団が解散すると、政府が購入した米は指定卸売業者に販売され、指定小売業者を通じて消費者に販売さ

手伝いにいくこと。お手伝いをしにいくとね、ご飯がたくさん食べれるの。普通だとご飯が朝・昼・晩と三回やろう？　でもお手伝いにいくと、朝食べて、一〇時ごろに小昼《こびる》っていうやつを食べて、また昼に食べる。で、また三時までのあいだに、イモとかそういうものを食べる。たーくさん食べれて、それがほんっとにうれしかったんよ。昼なんかは弁当持って田んぼへいくやろう。で、田んぼで食べるのがおいしかった。

六月ぐらいに田植えを四日から五日にわけてやるんやけど、その最後の日には、うちあげがあって、みんなでご馳走を食べたよ。そのご馳走のなかに、朴葉寿司《ほおばずし》っていうのがあってね。下呂では、田植えが終わったときに、それぞれの農家でうちあげ会やって、そこで朴葉寿司をご馳走として食べる習慣があったの。その当時、下呂で食べさせてもらったのは、朴葉にマスの酢漬けとショウガを乗せた酢めしをくるんだ、シンプルなやつやったよ。それをみんなで食べるのがおいしかった。いまじゃ朴葉寿司はシイタケの煮つけとかも入れたりして、道の駅とかのひとつのお土産とか特産品になっとるけどね。

❖缶ジュースを飲んでいるのが不思議な光景

お菓子なんか、俺が中学校卒業するくらいまでは、そう自由に食べたことなかったけども、それからすこしずつ食べれるようになってってった。いまと比較すると、そうたくさんはなかったけどね。アイスクリームなんてものは、俺らが中学生のときはなかったね。冷蔵庫なんかないから、買ってきて家で食べるなんてことも、そりゃできんよ。そのかわり俺たちが中学生のときには、夏になると、アイスキャンディっていうのを、おじさんが自転車で売りにきてね。アイスキャンディって、ジュースを型に入れて凍らせたやつよ。それを夏に食べるのが、冷たくておいしかった。アイスクリームみたい

れるようになった。しかし、制度上の配給と米穀配給通帳は、同法が改正される一九八一年六月まで存続していた。

な乳製品はなくて、あったとしてもめずらしかったよ。

中学生のときに、飲んだ記憶のあるジュースってのは、瓶のラムネとかサイダーくらい。瓶の口のとこに、ビー玉がついとるやつよ。就職してから、オレンジジュースとかパインジュースとか、あとコーヒー牛乳なんてのが出てくるようになったけど、こんときでもジュースはみんな瓶やった。缶ジュースなんてのが出てきたのは、もっとあとやったよ。▼8

自動販売機ができてから、瓶やと割れちゃうってことで、缶になったんやないかな。だから中学のころ、下呂の温泉にアメリカの兵隊が休暇で遊びにきてたんだけど、そいつらがみんな、缶でなんか飲んでるのを最初見たときは、不思議でしょうがなかった。あのころ、ジュースは瓶しかなかったから、缶がめずらしかったの。米兵が缶を口にあててるの見て、「なにをしとるんかな、あの人たちは」って思っとったね、当時は。

▼8　缶ジュースなんてのが出てきたのは、もっとあとやった
社団法人全国清涼飲料工業会によると、昭和三〇（一九五五）年に日本初の缶入り飲料が発売され、缶詰めオレンジジュースが出回りはじめる。また、同年に自動販売機による清涼飲料の販売が開始された。

❖肉や魚も多少食べられるように

下呂で昭和二十八（一九五三）年に高校を卒業したあとに、県職員として就職した。このときは、自分の生活にすこし余裕ができたころやないかな。食生活は、食べようと思えば、なんでも手に入った時代やったね。ただ、しょっちゅう肉を食べるってのは贅沢で、肉を買ってすき焼きをやるなんてのは、年に一回ぐらい。

魚なんかでも、秋になるとサンマを食べるみたいに、その季節に出るものを、たまに食べる程度だったよ。外国から魚が入るようなことはなかったもんで、当時、俺たちの口に入ったのは、近海で捕った魚やったね。だから、量もすくないわけ。俺が高校卒業するその年までは、そんな感じやったな。肉やら魚やらの外国産うんぬん言いはじめたのは昭和三〇年代ぐらいでないかなあ。

❖母親が勤めていた旅館のテレビ

家庭にテレビが入ってきたのも昭和三〇年代に入ってから。ちょうどそのころ、景気がよくなって給料がドンと上昇した記憶がある。勤めはじめて五年、昭和三十二、三（一九五七、五八）年ぐらいやね。

でも、テレビを最初に見たっていうのは、そのちょっと前で、高校のころでないかな。当時、母親が下呂の山形屋っていう旅館に勤めとったの。いまは旅館にいくと、テレビは各部屋にあるだろうけども、当時は旅館の応接間に一個あるだけだった。だからプロレスなんかあると、その旅館の応接間のテレビに、力道山▼9を見にいったの。みんなでキャーキャー言いながら見た覚えがある。

長いこと母親がその旅館に勤めとったもんで、しょっちゅう遊びにいっとったね。宴会とかで応接間にお客さんがすくない時間を見計らって、夕方の六時ぐらいにいってテレビを見たり、旅館の大きいお風呂に入らせてもらったりしとった。だから、当時からずっと旅館の従業員とは、顔見知りやよ。いまでも、ときどきその旅館つかうし。この間も県職員のOB会を山形屋でやったけども、そのときに三代目の主さんに、たまたまあって、「おお、古町さんじゃないですか」なんて言われたね。

❖バナナ、パイナップルは贅沢品

子どものころから、ずっとつづいて、バナナなんか食べたことなかった。やっぱり特別なことがないと、バナナなんか買って食べることがなかったもんねえ。智子《さとこ》（長女）が昭和四十一（一九六六）年に生まれて、しばらくしてから、買って食べれるようになったんじゃないかな。▼10いまよりも割高だったけど、安うなったんは、智子が小学校いく前くらい、幼稚園におったときかな。当時、近所の人

▼9　力道山
当時、国民的人気を博したプロレスラー。昭和二十八（一九五三）年に始まったテレビ放送の影響もあり、力道山は全国で絶大な人気を誇った。

▼10　買って食べれるようになった
インタビューをとなりできいていた、語り手の妻である古町やすさん（一九三九年、下呂市生まれ）は、「智子の離乳食に混ぜて食べさせた」と言い、その当時一本百円ぐらいで買った記憶があるそうである。

に智子がバナナを買ってもらってた記憶があるし。

俺らはフィリピンのバナナっていうのを食べたけれど、それ以前は台湾バナナっていうのを食べてたってきいたよ。昭和四〇年代半ば以前なんて、台湾バナナ以外が、日本人の口に入ることのない時代やで。

バナナ以外だと、イチゴとかパイナップルも、むかしは高級品やったね。イチゴは、俺たちが子どものときに、ハウス栽培なんてものがなかったし。パイナップルの缶詰なんてのは、いまはスーパーで手に入るけど、むかしは食べたことなかったよ。

ただ一回だけ食べた記憶があってね、小学校の五、六年生のころやったかなあ。なんでか知らんけど、富男おじさんが、兵隊から帰ってきたときにパイナップルの缶詰を二つ持って帰ってきたんよ。それがはじめてのパイナップル。おいしかった。それ以降は、パイナップルの缶詰を買ってきて食べるようなことはなかったね。俺たちが日常的に食べていた果物は、ナシとかリンゴとかミカンぐらいでないかなあ。それも秋とか冬とか、その果物の季節限定やったけどね。

❖スーパーマーケットのある生活

昭和四十八（一九七三）年、智子が小学校二年生のときに、県庁に転勤になったもんで、下呂から岐阜市内の薮田へ移住したの。下呂におったときは、スーパーなんてものが、まわりにないから、野菜買うなら八百屋さん、魚買うなら魚屋さん、肉を買うなら肉屋さんみたいな小さな店で、買い物をしとったんよ。

岐阜市に移動してからは、近くにいくつかスーパーがある場所だったもんで、スーパーで全部の買い物をするようになった。スーパーができてから、いろいろ変わったと思うよ。お菓子なんかは、俺

が子どものころから、下呂では八百屋さんとかにちょっとだけ置いてあるだけで、あんま食べなかったんよ。▼11

タマゴなんてものは、俺が下呂にきたころは、つまり中学時代は贅沢品でね。タマゴかけご飯とか、タマゴ焼きとか、スクランブルエッグとか、食べ方はいまと変わらんかったけど、そうしょっちゅう食べれるわけやなくて、当時は貴重だったよ。

下呂におったころ、タマゴは八百屋さんにちょっとだけ並んでて、いまみたいにパックで売るんじゃなくて、「一玉いくら」で売ってた。あのころは、いまみたいに大量にタマゴを産ませるシステムっちゅうのがない時代で、自然に産むのを待ってた。だもんで、希少価値が高かったんよ。

いまは大量生産できるようになったもんで、一パック一〇個入りとかでスーパーの目玉商品にしたりして、安いね。だから、パックで売るようになったんは、スーパーできて大量販売するようになってからやろうな。タマゴもそうだけど、肉とか魚なんかも、スーパーできるころから、たくさん出回るようになったと思うよ。ただ、ウシでもブタでもタマゴでも、農家の人が育てる分だけ、出回るけども、魚だけは海のものだから、やっぱり捕るのに限度があるわな。だから養殖の魚が、おおくなってきたのも、そのころやないかな。

❖冷蔵庫の変化

冷蔵庫が家に入ってきたのは、長男の宏己《ひろき》（一九六二年生まれ）が二つか三つのときだったから、昭和三十八、九（一九六三、六四）年ぐらいでないかな。もちろん、便利なことはたくさんあったよ。夏場なんかは、冷たい飲み物が飲めるのが、うれしかったし。俺たちが中学生のころは、家の飲み物なんて冷蔵庫がないから、当然、常温やったよ。あと、調理したものの、保存が多少は長く効くわけ

▼11　あんま食べなかった　古町やすさんは、「宏己（一九六二年生まれ）が小学生のころには、チョコレートもビスケットもポテトチップも、なんでもスーパーで買って食べよった」と語っていた。

だから、そのへんで便利さっていうものを感じた。それまでは、いまみたいに、買いだめするわけじゃなくて、その都度、毎日買い物にでかけなきゃいけなかったんでね。冷蔵庫も、いまとむかしで、だいぶ変わったわな。むかしはずっと、冷蔵庫に冷凍庫も製氷機もついてなかったけど、最近になってやっとつくようになったんでないかな。▼12

❖むかしからの知恵

庭に植えてあるホオノキは、六、七年くらい前に、高山市の清美にいったときに、五〇センチぐらいの自然にはえとるのを、見つけて植えてね。それから結構大きく育ったもんで、いまでも毎年初夏になると、葉っぱを採って、それで朴葉寿司をつくっとるよ。そのとき、清美にはワラビとかフキみたいな山菜を採りにいっとってね。ワラビやフキなんかは、このへんやと、五月とかそこらで、採れるけども、清美は寒いとこやで、いったのは六月下旬ごろでなかったかな。

下呂におったときも、五月の連休に智子や宏己をつれて、よく採りにいったよ。二人を車に乗っけて、馬背《まぜ》っちゅうとこにね。▼13当時あれは、いわゆるひとつのピクニックみたいなもんやったんよ。にぎりめし持ってって、それを山で食べて、山菜採って、家でそれをおかずにして食べるの。ワラビでもフキでも、いったんさっと湯をとおして、灰汁《あく》ぬきして、煮物にして食べるんよ。こういう山菜の料理の仕方っていうのは、田舎のほうでは、むかしからある方法でね。俺が中学生ぐらいのときは、山菜を採りにいったことはなかった。だけど、そのころ世話になっとった叔母さんが、山に山菜採りにいって、料理して出しくれたもんで、食べた覚えがある。山菜も当時はその季節によって日常的に食卓にあがるもんやったね。

それから、下呂での田舎の生活があったもんで、家で漬物を漬けて食べる習慣も、いまでも根づい

▼12 最近になってやっとつくようになった　古町やすさんによると、昭和五十二（一九七七）年に、薮田から各務原に引っ越して、家を建てたときに、祖父の兄からお祝いに冷蔵庫もらい、その冷蔵庫から製氷機や冷蔵庫がつくようになったとのこと。

▼13 馬背　当時は独立した村であったが、現在は下呂市に合併されている。

とるね。下呂なんかでは、いまでも田舎のほういくと、どこでも漬けとるんじゃないかな。これはね、むかしからの生活の知恵で、野菜なんかを保存しておけるの。塩で漬けておくと腐らないわけね。北海道でも、家で採れた大根とかナスとかそういうのを漬けて、保存してた。いまでも漬物なんてものは、ぜったい食生活に欠かせんもんやと思うよ、俺は。

【聞き手　平田結花子】

《聞き手のつぶやき》

祖父の家でつくる漬物や朴葉寿司は、わたしの大好物であり、祖父の家に遊びにいったときや、祖父がわたしの家にきたときに、よく食べさせてもらっていた。しかし、それらが食べられるようになった歴史や伝統について気にしたこともなかった。そのため、今回漬物や朴葉寿司に祖父が子どものころから親しんでいる文化が詰まっていることを聞いて驚いたし、その伝統がわたしまで伝わってきているということは、うれしいことだと感じた。

また、祖父が子どものときの、戦時中やその前後の生活は知りたいと思っていながらも、なかなか尋ねることができずにいた。「戦時中の生活」と聞くと、苦労や不便などというマイナスのイメージばかりを、わたしは想像していた。たしかに祖父は、今日と比較すると、モノが少ないため、子どもの頃不便で、苦労した体験を語っていた。しかし、そのような生活なかのでも、当然ながら祖父にとって、楽しかった記憶やうれしかった記憶もいくつかあった。当時のことを懐かしんでいる様子は、祖父の生き生きとした話しぶりから伝わってきた。これらのことは、いまのわたしの生活ではなかなか経験できないことでもあるので、うらやましいと思った。

インタビューで、最初は祖父もわたしもお互いにどこかぎこちなく緊張していたが、次第に祖父は、子どものころの記憶を生き生きと話すようになり、わたしが祖父の話にしきりに相槌を打って興味を持つと、さらに楽しそうに語ってくれた。インタビューの途中で祖母が参加してくると、「そうそう、そうだったなあ」と、祖父母は互いに懐かしみながら、むかしの記憶を共有してしゃべっていた。そのときの祖父の口調は、わたしと話しているときよりも、更にくだけた雰囲気になっており、祖父母の付き合いが長く、親密であることが、二人の話しぶりからわかった。

聞き書きをレポートに書き起こすときには、祖父が楽しそうに話していたことや祖母と懐かしみながら語っていた部分を、強調しようと試みた。しかし、頭のなかでは、祖父の生き生きと話しぶりが残っていても、それを文字で表現することは困難で、話す行為と書く行為の間には大きな差異があることを実感させられた。

二度目の聞き書きでも、発見することが多数あった。今回の聞き書きは祖父母世代の一人をインフォーマントとしてその人のライフストーリーをまとめるという趣旨のものであった。だから、最初は祖父にだけインタビューを行えばよいと思っていた。しかし祖父に話を聞いているなかでも、やはりむかしの記憶が曖昧なこともあり、結婚してからのことは祖父と祖母が思い出しながら話して合っているところにわたしが質問を投げかけるというようにして、当時の祖父の生活の様子を引き出すという形になった。また一回目の聞き書きを終えてから、家でわたしが母（今回の語り手の娘）と何気なく会話をしているときに、母が小学生のころ、曾祖母（語り手の母親）がかなりの年であったにもかかわらず元気だったという記憶を語ってくれた。これをきっかけに、祖父のインタビューのなかで出てきた旅館で働く曽祖母についても、母に尋ねてみたところ、母はその旅館にしょっちゅう遊びに行ってくれたことも教えてくれた。一回目のインタビューのときは、祖父が曾祖母の旅館で初めてテレビを見たと語ったとき、わたしはあまりその話について深いところまで聞くことができなかったが、この母との会話は、二回目のインタビューのときに、その話題を掘り下げるのに役立った。

このように、祖父一人のライフストーリー、つまり歴史というものを調べたいと思った場合、祖父だけにそれを尋ねるのは不十分である。祖父の歴史にかかわってきた人たちの話を聞き、それぞれの話をつなげることで初めて語り手の歴史が見えてくるのではないだろうか。

また、一度目の聞き書きのときには、祖父の出身地である網走の捕鯨のことをあまり知らなかったり、高度経済成長期前後の日本のバナナ市場についての事前調査が不十分だった。そのため、あまり会話がはずまなかった。それを反省して、二回目の聞き書きの前には上記のことを詳しく調べ直してから臨んだ。たしかに、自分が調べたことを参考にして、「このときは、こうじゃなかったの？」とわたしが尋ねれば、祖父は「たしかにそうだったなあ」と答えてくれ、より詳しいことまで調べることはできた。しかし、わたしが知りたいことと祖父の思い出に残っていて話したいことの間にはギャップがあったため、わたしがバナナの話を聞きたいと思っていてもパイナップルの話や瓶ジュースの話など思いがけない話題が出てくることが多々あった。このように、自分が知りたいことを引き出すことが困難であるのと同時に、だからこそ予期していなかったことが聞けるというのが、聞き書きの面白いところでだと実感した。

あの頃は苦労だなんて思ったこともなかった

小川《おがわ》陽子《ようこ》さん

一九四一（昭和十六）年、神奈川県横浜市生まれ。三女として生まれる。後に弟が一人生まれる。父親を一九四五年に亡くし、あまり裕福でない暮らしを送る。一九五九（昭和三十四）年、十八歳で結婚。神奈川県海老名市に暮らす。一九六三年に自営の運送業始める。二男一女をもうけた。一九七六年、岐阜県岐阜市に移り住み、現在にいたる。

❖白いご飯は、食べられなかった

戦争が終わった時ね、ばあちゃん、まだ小さかったから、あんまり覚えていないけどね、一番覚えていることはね、「ギブミー、チョコ」って言って、チョコレートをもらったの。ばあちゃんは、むこうの言葉（英語）はまるっきりだめだけどね、これだけはいまだに覚えてるよ。あのときはね、こんなおいしいものがあるのかって驚いたのよね。

ご飯か。そうだね。白いご飯は、食べられなかったかな。たしか七割くらいは麦だったのよ。一緒に炊くとね、茶色い層と白い層ができるんだけどね。とても白米とは言えないよね。そう考えると、今は、なんて贅沢なんだろうって思うよ。それと、たしか小学生ぐらいの頃に、外米が入ってきたの。どこのものなのか知らないけど、ポソポソしてて、全然おいしくなかったね。そういえば、卵なんかも高かったかもしれないわ。食べた記憶がないもんね。

そうそう、十三歳か、十四歳の頃だったかしら、初めて洋菓子っていうものを食べたのよ。お姉さんがね、不二家に就職したの。不二家、わかる？　ケーキのお店。イチゴのやつだったかな。甘くておいしかったわ。だから、ばあちゃん、今でも白いケーキが好きなのかしらね。お姉さんのおかげだわね。

それとね、同じころだったかな、スイカも初めて食べたんだわ。でもカスカスでね、おいしくなかった。最近のスーパーに売ってるやつは、あんまり当たりはずれがないよね。ばあちゃんは、コンコンって叩いたら、その音でおいしいか、おいしくないか、だいたいわかるわけよ。長年の経験だよね。やっぱり甘いやつがおいしいよね。

ばあちゃんが小さい頃は、クジラが安かったのか、ちょっとわからないんだわ。ばあちゃんね、早くに父親を亡くしたからね。はっきり言って、貧乏だったのよ。ごめんね。早く家を出て自立したいっていつも思ってたよ、あの頃は。

❖安い給料

ばあちゃんはね、結婚する前は、ちゃんと会社に勤めて働いていたの。お給料は、一番良かったときで三五〇〇円だったかな。安いでしょう。今とは、物価が違うから、わかんないと思うけどね。みんながどれだけ給料を貰っていたのかわからないけど、一番良かった時は、たしかそのくらいだったと思う。今で言うといくらくらいになるのかな。そもそも、今の社会人一年生は初任給、[1]いくらなのかね。それとね、衣類は本当に高かったんだよ。男の人の一ヵ月の給料でもね、背広（スーツ）の上下が買えなかったって聞いたことあるもの。

❖食べるだけで精一杯だった

あのね、運送の商売が軌道に乗るまではね、食べるだけで精一杯だったね。野菜は今よりも随分安かったよ。最近は、本当に高いからね。でも、ばあちゃんは、ご近所さんにいっぱい分けてもらえるから、あんまり買わなくても十分あるけどね。

お肉は高かったよ。本当に高かった。牛肉なんか、ほとんど食べられないんだから。昭和三十八（一九六三）年ぐらいからかな？　少し稼げるようになってからは、週に一回くらいだもんね。それでも一番安いお肉だよ。牛乳なんかはね、今でこそいつも冷蔵庫に置いてあるけどね、赤ん坊のミルクの代わりに使うこと以外は買わないし、買う余裕もなかったね。

お米（の値段）は、今とあんまり変わらないような覚えがあるね。昔から、そこらじゅうで作られているんだろうね、きっと。それから、生野菜が食べられるようになったわ。それまでは、根菜中心だったからね。キャベツとかレタスとか、葉物でしょう。それからトマトとかかな。

❖バナナといったら贅沢品

果物でいえば、バナナがとても値段が高かったよ。バナナといったら贅沢品。よっぽどなにかないと、買おうとも思わなかったよね。今でいったら、メロンくらいの価値かね。子どもたちが、風邪をひいて寝込んだ時くらいに、特別に買ってあげたことはあるけど、それ以外は買えなかったよね。ば

▼1　今の社会人一年生の初任給
二〇一一年、大卒者の初任給は、平均二〇万円。高卒者は十五万円程度（厚生労働省「平成二十三年度賃金構造基本統計調査結果」調べ）。

あちゃんが初めて食べたときはね、おいしいって本当に思ったからね。今では信じられないでしょう。あんたたちは、毎日バナナ食べてるんだったよね。スーパーで買うと、三本で一〇〇円くらいかな。安くなったものだよね。いつの間にか、わたしらみたいな人間でも食べられるようになったね。

そうねえ、バナナはずっと高かったよ。少なくとも大阪万博のころ（一九七〇）くらいまでは高かったね。リンゴの方が安かったもの。子どもたちのお菓子はね、一〇円くらいか。小さなやつだけどね。今とはお金の価値が違うから、ちょっと値段の感覚が違うと思うけどね。あんまり買ってあげられなかったから、子どもたちには悪いことしたなってね。

❖ばあちゃんのおせち料理

そうそう、ばあちゃんの大好きなカズノコはね、あれだよ、わかる？　お正月のおせちの具材ね。あれはね、本当に安かったよ。だから、最近、高いのはね、なんだか納得いかないというかね。買うのをためらっちゃうくらいだよ。でも、好きだしね。ないと変だしね。あの頃のカズノコは、カチカチで乾燥してたの。それを水で戻して、やわらかくして、塩もなんにもない、味がついていないもんだから、醤油で味付けしてね。今のよりかは、うまみも抜けてないし、一粒一粒のプチプチ感が、それはもうおいしかったね。

ばあちゃんのおせち料理といったら、やっぱり、親が作ったものをまねるわけでしょう。母親の生まれは、新潟の貧しい農家だったもんで、そんな贅沢なものは入ってなかったけどね。でも、ひととおりは揃ってた。ばあちゃんは嫌いだから、黒豆は作らんけども。子どものころは、ちゃんとあったね、黒豆も。

もちろん、お店には、正月の時期になると、今もそうだけど、おせち料理が並ぶわけよ。でも、お

年末にマグロを買いもとめる客でにぎわう名古屋市の柳橋市場（2011 年 12 月 31 日、赤嶺撮影）

金もないし、親が作ってたから、作るのが当たり前というかね。かまぼこやら、伊達巻きやらは売ってたよ。でも、貧しくて、買えなかったなあ。おせち料理のなかでいったら、贅沢だと思ったのは、だし巻き卵だね。昆布巻きなんかは、乾燥したニシンを使ってね、昆布で巻いて、干瓢をゆがいて、結んでさ。

ガスコンロなんかないもんだから、練炭だったよね。たまに事件なんかでも、なんたら中毒▼2っていわれている、あの練炭をね、七輪に入れておくと、だいたい二十四時間は火が消えないから、それにお鍋をかけて、コトコト煮るの。夜、そのまま置いておいても焦げないで、おいしくなるの。煮物類はほとんどあれで作ったよ。今考えたら、危ないと思うでしょう。でも、昔の家なんか、隙間風も多いから、中毒にならずにすんでたのかねえ。

▼2 中毒　一酸化炭素中毒のこと。

お雑煮は、岐阜に来てからは、お吸い物風のお汁に、餅菜《もちな》、[3] それから鰹節をたっぷり入れてたべるじゃない。ばあちゃんがまだ関東にいたころは、角餅を焼いて入れるのは岐阜と一緒だけど、大根に里芋、それからニンジン、あれば、鶏肉を入れて、けんちん汁みたいなお雑煮だったよ。大鍋にいっぱい作って、三が日の朝は毎日これだったね。

あとは、タコだけど、関東は、水ダコっていう大きなタコをね、えっと、足一本が、直径一〇センチに長さは六〇センチくらいだわね。それが、酢ダコにして売られてたよ。

❖生ものは食べられない

とにかく、冷蔵庫はあっても、生ものは食べない。食べないというよりかは、食べられないだね。さっき、お肉は高かったって言ったでしょう。もちろん、想像つくと思うけどね、魚が中心だったよ。一番よく食べてたのは、そうだねえ、やっぱりサンマだね。ばあちゃんが四〇代ごろからはさ、サンマも高くなったでしょう。でも子どものころはね、サンマは、どえらい安かったのよ。イワシの方がうんと高いわけ。サバもよく食べたね。そうだねえ、よく食べていたのは、サンマ、アジ、サバの順かな。

サンマの話だけどね、親が面倒くさがりなのかもしれないけど、ほら、うちは母親が働いてたしね、やっぱりサンマの開きだったよ。でも、結局、そのころは冷蔵庫なんかなかったしね、開きだったら、多少は日持ちするでしょう。それが理由なのかもね。まあ、刺身なんか、食べられなかったのが現実だよね。サバはね、定番だろうけど、味噌煮だったよ。これが一番だったね。

それと、絶えずおかずになってたのは、マグロのフレークだね。缶詰の、あれね。結局、缶詰だもんで、開けなきゃいつまでも腐んないわけでしょう。安かったしね。なによりも、よく食べてたよ。

▼3　餅菜　小松菜の一種で、中部地方の在来種。お雑煮の定番野菜。

それも、今みたいに薄っぺらくなくてね。缶詰のまわりは、ミカンの缶詰くらいぶっとくて、高さはミカンの缶詰の半分ちょいくらい。マグロのフレークは、味もしっかりついてるからね、そのまま食べたってことも多かったけど、カレーに入れたりもしたね。ジャガイモ、ニンジン、タマネギを炒めて、カレー粉入れて、仕上げに、フレークを入れるのさ。お肉なんか当分、食卓で見かけない時代だから。このカレーは結構いけたよ。コショウとか入れる必要がないくらい味がしっかりしててね。あの頃は、今みたいにいろんな調味料もなかったわけ。醤油にお味噌、それに塩。そんなもんだよね。

それから、冷蔵庫が来る前の話だけどね、大根は秋から冬にかけてよく食べたよ。沢庵のようなもの、まあ、漬物だわね、そうやって半年分作っておくのさ。白菜の塩漬けも半年分作っておいたりしたもの。

クジラは、よく食べたよ。今、スーパーで見ないわよね、まったくね。クジラは大きいからね、ひとつ捕れたら、いっぱいだもんね、お肉。家でもよく食べたよね。唐揚げとか、懐かしいね。給食の定番だったみたいだね。だって、あんなに大きいんだもの。子どもの数も多かったし、ひとつでみんなの分をまかなえるでしょう。それでよく使われたのかね。それからね、これだけは言っておくけど、おいしいものがお店になかったわけじゃないの。お金が無くて買えなかったのよ。

❖テレビの思い出

白黒テレビか。そうだね。文彦[▼4]が生まれる二年くらい前だったかな、お家で見られるようになったのは。そうはいっても、今みたいな色つきじゃなかったけどね。それでも、はじめは、驚いたというか、ありがたいって思ったもんだよ。東京オリンピックをみんなで見たもんね。それとね、ちょっと前に替わっちゃったけど、今みたいなカラーテレビは、あんたのお母さんが生まれる前の年（一九六

▼4 文彦
聞き手の伯父で話者の長男。一九六二年生まれ。

三年）くらいだったと思う。

テレビの思い出といえばね、文彦がいたずらして壊しちゃったのよね。家に大きめの丸い磁石があったんだけどね。それを文彦が画面のまんなかにポンとくっつけたの。そしたらね、色が全部、まんなかに集中しちゃって赤っぽい色になってね、そのまわりは白黒になっちゃったのよね。

❖冷たいお水

冷蔵庫は、たしかテレビの次だったよ。冷たいお水がいつでも飲めることが、一番の驚きだったかね。よく、やかんごと冷やしておいたっけね。さっき、冷蔵庫って言ったでしょう。でも、きっと、あんたたちが思っているものとは全然違うと思うよ。本当のことを言うとね、冷蔵庫に入れていたって、全然もたない、日持ちしないからね。だから、その日に必要な分だけ買ってきて、それで冷蔵庫に入れておくの。

一番はじめの冷蔵庫なんかね、開けるところは二つで、今でいったら、二ドアなんだろうね。本当に小さいやつだったよ。上の段に氷をいれて冷気で冷やすんよ。冷凍庫なんてなかったからね。氷屋さんで大きな氷を切ってもらって。でもね、どういう理由でそうなるのかいまだにわからないけどね、冷蔵庫に霜が、いっぱいついちゃうわけ。見たことあるかな、冷蔵庫のなかにびっしりと。それをガリガリやってね。つかないようにしていたんだよ。

❖井戸端会議

洗濯機は、ほら、三種の神器っていうもののなかでいったら、家庭に入ったのは、一番後だったよ。それまでは、洗濯板を使ってね。今思えば、最初のやつなんかより、洗濯板の方がよっぽどきれいになるような気がしたわ。脱水機もあったんだよ。三つくらいの小さいプロペラがついていて。洗濯物を一枚ずつ挟んで、取手をくるくる回すんだよ。挟んで水を切るんだろうね。時間はかかっても、乾くのが早かったからね。楽になったのはたしかだよ。

洗濯機が家に来るまではね、近くに井戸があったからね。もちろん、水道はあったよ。でもね、共同の井戸に集まっておしゃべりしながら、洗うのが楽しかったもんだけどね。いわゆる井戸端会議っていうやつかな。洗濯機が来てからは、たしかに楽になったかもしれないけど、井戸端会議がなくなって、ちょっと寂しかったね。それと、井戸はね、冷蔵庫がわりにもなるんだよ。スイカとか冷やしておいたりね。今だったら、誰かに持っていかれちゃうかもね。井戸のまわりで、奥さんたちみんなで洗濯しながら、話してたのはね、子どものこととか、旦那のこととか。それから、たまに、「どこどこ行ってきたのよ」って話も聞いたわね。動物園行ったとかさ。

実際ね、同じ井戸に集まる奥さんたちは、ばあちゃんより、一〇歳くらい年配だった。だから、ばあちゃんは、もっぱら聞き役だったの。子どもの話なんかは、絶対悪いことは聞かなかったのよ。みんな、いいことだけしか言わないから、親バカねえって思ってたわ。旦那の話なんかは、愚痴というか、「給料が安くてやりくりが大変だ」とか「いつまでもお酒を飲んでるから、ちっとも片付かないじゃない」とかね。それから、男の方の愚痴の話なんかも聞いたよ。「会社がどうとか、仕事がおもしろくないとか言ってるわ」ってね。結局、娯楽がない時代でしょう。ほら、テレビだって、入ったばかりだったし。ああやっておしゃべりするのがわたしたちの娯楽だったのよねえ。

❖空いた時間で

でも、洗濯機が入ってから、洗濯しているあいだにね、ほかのこと、というかね、ほかの家事が、できるようになったから、便利だなって思ったよ、本当に。自分の時間が持てるようになったしね。子どもを昼寝させてからだけど、空いた時間で、ばあちゃん、洋裁だって少ししか習ってないけど、見よう見まねで、よくミシンを踏んでたよ。子どもたちが小さい頃は、ちょっとした服なんか作れたけど、最終的には、雑巾。古い布を使ってさ、よく雑巾にしてた。それと、お布団だね。当時は、お布団屋さんに一式頼んだら、三万円も、四万円もするわけ。だから、古布団の綿だけを、綿屋さんに打ち直ししてもらって、ふわふわの綿を詰めて、ふわふわになって返ってきたら、生地だけ買ってきて、布団の大きさに切ってね。ふわふわの綿を詰めて、お布団を作るのにも使ったね、ミシンを。随分安くあがるもんだから、まわりはみんなやってたよ。

あとは、編み機。よく子どもたちにセーター作ってやったもんだよ。実は、この編み機っていうのは、いつ頃だったか忘れちゃったけども、電化製品について、月々三〇〇円か四〇〇円くらい積み立てていって、貯まったら、カタログのなかから商品をもらえるっていう制度というか、ローンみたいなものがあってね。最初は、洗濯機を貰おうって思って、積み立ててたんだけど、ある程度貯まったころには、おじいさん[5]がもう買ってくれていたの。それで、なに貰おうかって悩んだ末にもらったのが、その編み機だったってわけなのよね。

❖うちの家計じゃ、大変だった

固定電話がお家に来たのは、洗濯機とかのすぐ後（一九六一年）だよ[6]。ちょうど文彦が生まれた頃だったと思う。電話を買うっていうかね、電話番号を買う感じだったね。その債権だけで一〇万円もかかったね。使用料[7]とかもろもろ含めると、最初の月は二十七万円くらいしたね。うちの家計からしたら、苦しかったけどね。みんなが使うものだから、仕方ないよなって。

▼5　おじいさん
聞き手の祖父で話者の夫。

▼6　固定電話
一九六〇年の一年間に、白黒テレビ、冷蔵庫、洗濯機の順に家庭に入ったという。

▼7　使用料
当時の家庭用固定電話の通話料金はわからなかったが、昭和二十七（一九五二）年八月に電電公社が設立された際の公衆電話の通話料金は、時間制限なしで五円であった。翌二十八年に一〇円に値上げされ、昭和四十四（一九六九）年には三分間一〇円となった。

あんたのお母さんが生まれる前の年（一九六三年）ぐらいに、はじめて車を買ったね。うちは、商売やりはじめたから、まわりのみんなよりは、買ったのが早かったのよ。最初に買ったのは、仕事用のトラックで、あの頃のうちの家計じゃ、本当に大変だったよ。大きさは、たしか八トン。中古だったけどね、九〇万くらいだったかね。自分たちの手持ちだけじゃ足りなくてね。ばあちゃんの親にいくらか借りて、ようやく買えたんだよ。商売が軌道に乗るまでは本当に苦しかった。

❖石油危機ってね

（第一次）石油危機ってあったでしょう。そのあとくらいからかな、卵が安くなったような気がするよ。しっかりと覚えていないけど、子どものお弁当とかね、卵焼きとか目玉焼きとか、よく食べたものね。きっと、安かったのよね。その二年か、三年くらいたった後だったかな、クジラを見なくなったよ。でも、給食にはもうちょっと後まで出ていたみたいだね。そう言っていたでしょう、お母さんが。

石油危機ってね、ティッシュペーパーとトイレットペーパーについていえば、それはもう本当に高かったよ。たしか、「作らない」っていう噂になったんだよね。どのくらい値段が上がったかな。一〇〇円だったとすると、三〇〇円くらいになった感覚かな。そうはいっても、時間がたったら、元の値段に戻ったけどね。でもね、食べ物の値段は、とくに変わりなかったよ。紙っていうかさ、ティッシュペーパーとか、そういうものだけだったはずだよ。二回目の時（第二次石油危機）もそんな感じで、食べるものよりかは、紙類が貴重だった覚えがあるね。

❖それが普通だった

今とあの頃じゃ、違うことといえばね、使い捨てになったことかな。洋服も昔は、直して、使いまわしていたけどね。今は、「また買えばいいか」ってすぐ思っちゃうもんね。捨てるものなんてなかったんだよ。あの頃は。食べるのが精一杯だったから、今みたいに、気に入らないから、ゴミ箱にポーンなんて考えられなかったね。

こうして話していると、なんだか、大変だったって思うのかもしれないけど、あの頃は、苦労だなんて思ったこともなかったのが正直なところ。だって、みんながそうだったんだもの。そりゃあ、上を見たら、キリがないわよ。お金持ちのお偉いさんは、いっぱいいたんだろうから。でも、わたしたちなんかは、そういう人たちとは縁もないし、それが普通だったんだもの。

今ではさ、なんでもあるでしょう。ちょっと歩けば、欲しいものだって簡単に手に入るしね。ばあちゃんなんかからすると、今はなんでもありすぎるなって感じるね。あんたたちには、まだまだ物足りないのかもしれないけどね。この辺はさ、まだまだ近所づきあいっていうのかね、ほら、よくお隣さんにあげたりもらったりとかするけどね、あんたたちのところは、もう、そういう近所づきあいなんて、ないでしょう？　便利になったけど、それが、ばあちゃんはさみしいなって思うんだよ。それとね、近所づきあいがなくなって、物の貸し借りをしなくなったよね。昔は、醤油とか、お鍋とか、いろいろね、「貸してね」、「いいよ」って言いあったりね。もっと言うとね、ちょっとしたお金の貸し借りもあったもんだよ。給料日前はお互い大変だから、協力し合ってね。今じゃ、考えられないね。

【聞き手　伊藤　葵】

《聞き手のつぶやき》

今回、初めて聞き書きに挑戦したが、実は、祖母の昔話を聞くこと自体が初めてのことであった。平成の時代に生まれた私にとって高度経済成長期とは、極端に言えば、江戸時代と同様に教科書のなかの世界でしかなかった。だから、その理解もあいまいで、「三種の神器と呼ばれる家電が、人々の生活を便利にした」といった程度であったのだ。それゆえ、今回の聞き書きで学ぶことは本当に多かった。

祖母の口を通して語られたものは、歴史の教科書には決して書かれていない生きた経験であって、高度経済成長期というものが、ほんの数十年前にたしかに存在したということをようやく実感できた。今になってみれば当然かもしれないが、高度経済成長期が人々にもたらしたものは、便利だけではないことを知った。近所づきあいがなくなりつつあること、人間関係が希薄になっていったことを寂しそうに語る祖母を見ていると、利便性ばかりを追及している現代の社会を、見つめ直さなくてはいけないのかもしれないと思うようになった。

最も印象的だったのは、祖母の「あの頃は苦労だなんて思ったこともなかった」という言葉である。私からすれば、祖母の生きた時代は、日本の大きな変革の時代で、大変としか言いようがなく、当時の生活は苦労そのものであったように感じてしまう。だから、失礼ながら、当時の人々はかわいそうだと勝手に思い込んでしまっていた。しかし、祖母のそのひとことを聞いたとき、たしかにつらいこともあったかもしれないが、祖母は当時も幸せだったのではないかと感じられた。今回、聞き書きに快く協力してくれた祖母に、改めて感謝したいと思う。

いまは恵まれとるね

稲山英幸《いなやまひでゆき》さん・節子《せっこ》さん

稲山英幸　昭和六（一九三一）年六月十八日、愛知県名古屋市西区上名古屋町に生まれる。昭和十三（一九三八）年、愛知県立女子師範学校付属小学校へ入学、昭和十九（一九四四）年旧制名古屋中学校入学、昭和二十三（一九四八）年旧制愛知大学予科へ入学、昭和二十五（一九五〇）年名古屋大学法学部へ入学、昭和二十九（一九五四）年四月、中央相合銀行（現愛知銀行）に入社。

稲山節子　昭和十一（一九三六）年九月三日、愛知県東春日井郡篠岡村池之内に生まれる。昭和三十二（一九五七）年三月、名古屋市立女子短期大学生活科を卒業後、

洋裁学校へ半年通い、名古屋大学医学部公衆衛生学教室に勤務。昭和三十三（一九五八）年に結婚して長男出産前に仕事を辞めて専業主婦となるが、昭和五十三（一九七八）年から小中学校に講師として一〇年間勤務した。

現在は夫婦で小牧市に住んでおり、桃花台で畑仕事をして元気に暮らしている。

❖食糧不足の学生時代

じいちゃんが小学生の時はね、戦時色が次第に強まっていったころだよ。でも、今考えると平穏でいい時代だったなあ。遊びはもっぱら外で「かくれんぼ」、「兵隊ごっこ」、「こま遊び」などだった。あのころのお小遣いは一銭。それで飴玉が三個買えたんだよ。ご飯は薪を使ってかまどで炊くから、紙っていうのは大切な資源だったねえ。

昭和十六（一九四一）年になると、不足していた米が配給制になって、おかずもないから郊外に買い出しによく行っていたよ。このころになると遊び場の野原がほとんど畑になっちゃってねえ、それくらい食糧が不足してたんだねえ。ひどいもんだったよ。今では考えられないくらいショックなことだけど、小学五年生の運動会で弁当を食べに戻ったら、同級生が弁当泥棒にあってたこと。あれは、本当にショックで悲しかったなあ。

昭和十九（一九四四）年になると、じいちゃんは中学生だったけど、陸軍の工場に配置されてね、作業後に油で真っ黒になった手を、木を削ってつくったおがくずで擦って油を落としてね、鯨の脂肪をカセイソーダで固めてつくった褐色の石鹸で洗うときに、削った鉄粉が手に刺さっていたから滲みちゃってすっごく痛かったなあ。この時のご飯は、大豆やサツマイモが入ったご飯におかずはイナゴを煮たものばっかで、おいしい食事じゃあなかったよ。戦争が終わっても食糧不足は深刻していくばっかりで、電車にはサツマイモを背負ったおばちゃんがいつもいてね、電車は人でぎゅうぎゅうだったから、サツマイモがつぶれてて、もったいないといつも思ってたね。

昭和二十三（一九四八）年に大学に入学したんだけど、寮での生活はつらかったなあ。寮でる食事は、中指くらいの細さのサツマイモ三本としゃびしゃびな味噌汁一杯。これが夕ご飯だからね。おなかがへって、おなかがへって、夜も眠れなかった。じいちゃんの家は農家だったから、ここまでおなかがへったことはなかったから、つらかったねえ。時々実家に帰ってお米をもってきて、飯盒で自炊するようになってねえ、おかずはなかったから醤油だけかけて食べたんだよ。この生活が三年続いたから、じいちゃんは身長が止まったって思っとる。育ちざかりの男がこの生活はあまりに栄養不足で、粗末な食事だったたね。

❖就職してからの生活

昭和二十九（一九五四）年に銀行に入社してね。じいちゃんは大卒だから初任給が一万円くらいでね、高卒が七千円くらいってきいたかな。当時の記憶は、とにかく鞄とか靴とかの革製品が高いっていうイメージだよ。革靴が三万五千円くらいしてね、給料三カ月分くらい。オーダーメードだったでね、そら高いもんだった。

昼食は、社食があったけど、五〇円のうどんばっかり食べとった。お寿司もあったけど、うどんが一番安かったで、会社からお金が出るとき以外は、ずっとうどんばっか食べとったね。でも、もうその頃には食糧に困るってことはなかったね。

ばあちゃんと結婚する直前、昭和三十二（一九五七）年にカメラを買ってね、当時のお金で二万五千八百円だったよ。給料二カ月半ぐらいで、一生懸命ためて買ったお金でね。当時のカメラは、じゃばらのカメラでね、宝物だった。マミヤシックスっていうカメラだった。

❖田舎での学生時代

ばあちゃんは、桃花台に住んでてね、当時は自然あふれた山だったのね。物心ついたときには戦争がはじまってたけど、みんなが疎開にくるような田舎だったから、疎開もしなくて済んだんだよ。飛行機が飛んでいるのはよく見えたけど、そこまで戦争の影響はなかったかなあ。珍しかったと思うけどねえ。ばあちゃんの家は土地持ちで、畑もやってたから、食糧に困ったことは一度もなかった。むしろ、名古屋に住んでた親戚に食糧をわけてあげたりしたねえ。だから、おなかいっぱい食べれるようなことはなかったし、贅沢もしなかったよ。ひもじい思いはしなかったけど、甘いものはめったに食べれなかった。お砂糖の塊だと思って食べたものが、塩の塊だったことがあってね。一気に飲み込んだもんだから、辛くって苦しい思いをしたこともあったよ。

子どものころの遊びは、山歩き。自然に囲まれてたから、山を歩くだけでいろいろな遊びができたもんだよ。春はタケノコ狩りをして、秋にはマツタケ狩りをした。あのころは、マツタケがそこらじゅうに生えていてね、秋は遊びでマツタケ狩りをして、マツタケをよく食べていたねえ。濡らした新聞紙にマツタケをくるくる巻いて炊事用の釜戸にほうり入れて、ころあいを見計らって取り出し、手で割いて醤油をつけて食べたり、炊き込みご飯にしたり、ご馳走の場合はすき焼きにいれたりしたねえ。昭和三十四（一九五九）年の伊勢湾台風の頃まではよく山でとれたんだよ。

ばあちゃんのお父さんは風流人でね、戦争がまだひどくないころは、いろいろな習い事をさせてもらったよ。茶の間が家にあってね、茶道とか華道を習ったりしたよ。あと、お琴も家にあってね、お琴も習ってた。ピアノも習わせてもらって、バイエルをやったりしたよ。でも、家にはピアノはなかったから、あんまり続かなかった。

ばあちゃんは、短大までいってね、短大で生活科に入っていろいろなものを作ったよ。もうその頃には戦争が終わって五年くらいたってたから、グラタンとかパンとか外国の料理も短大でたくさん習ったよ。洋食を自分で作れるってことは、びっくりだったわねえ。短大にはオーブンがあって、オーブン料理を作ることができたんだよ。プディングを初めて作った時に、初めてバニラエッセンスを使ったんだけどね、この世にこんなにいい匂いがするものがあるんだって、びっくりしたわねえ。日本料理だったら茶碗蒸しとかになるのに、西洋料理だったらプディングみたいなお菓子になるってことは、驚異だったわよ。西洋料理のフルコースも作ったりしたんだよ。習って食べる物はなんでもおいしかったけど、やっぱりグラタンが一番おいしかったわねえ。昭和四十八（一九七三）年にガスオーブンが家に来てからはよく作ったんだよ。

❖今と異なる食糧事情

昭和三〇（一九五五）年になると、やっと戦争で何もなかったものが戻ってきたわね。戦時中は世のなかにはなんにもなくてね、配給制だったんだけど、戦争が終わっても世のなかにはなんにもなかったのね。そんな時代が終わって、少したって、ある程度の物はあった頃かな。

でもね、今みたいになんでもある世のなかじゃなかったんだわあ。今は海外のものでも、季節外れのものでも、なんでも手に入るよねえ、スーパーで。でも、そのころは旬のものしか売ってなくてねえ。たとえば、野菜は年中置いてあるでしょ、今は。でも昔はトマトだったら、夏しか置いてなかったわねえ。それに、その頃はスーパーなんてなかったしねえ。八百屋さんとか、お魚屋さんとかね、市場に行って買ってたんだよ。

よく考えてみると、八百屋さんには西洋野菜はなかったねえ。日本でとれるものしか売ってなかった気がするわあ。チンゲンサイとかキウイとかはしばらくみかけなかったねえ。でも、パセリとかレタスとかセロリとか今馴染みのある野菜は、そのころからあったかなあ。

あと、レモンはすんごく高かったねえ。たしか、一個六〇円くらいだったかなあ。物価が今と違うでねえ。当時の平均月収が六〇〇〇円ぐらいだったで、今にしてみると二〇〇〇円くらいだったかなあ。

❖家にはいってきだした電化製品

もうその頃には食べ物にも困らなかったのと同時に、生活もどんどん便利になっていってねえ、ばあちゃんの家に白黒テレビがきたのは昭和二十八（一九五四）年だったねえ。名古屋のテレビ塔ができたのも昭和二十八年。近所の人は天皇陛下（当時、皇太子殿下）御成婚のときとか（昭和三十四＝一九五九年）、オリンピックの時（昭和三十九＝一九六四年）に買ってたりしたけど、当時ばあちゃんのお兄ちゃんと一緒にすんどったんだけど、お兄ちゃんは新しいもん好きだったから、出たばかりのころに買ってねえ、近所の人が家に集まってみんなでテレビを見た日もあったねえ。今じゃ考えられなくて、笑っちゃうよねえ、近所の人が集まるなんて。でも、そんなことが当たり前にできたから、近所関係もしっかりしとったし、最近話題になっとる「孤独死」とかも考えられなかったなあ。

ばあちゃんのお兄ちゃんは本当に新しい物好きでね、昭和二十五（一九五〇）年頃かな。車とかバイクとかも、みんながまだ乗ってないときから乗りまわしとったね。

写真１：当時の炊飯器のふた。炊飯器というよりなべのふたみたい。当時から、祖父母宅ではサツマイモを焼くためだけに使われており、現在も時々使っている。サツマイモしか焼いていないが、焦げ目がたくさんついている。

❖高度経済成長期の電化製品

昭和三十二（一九五七）年にばあちゃんと婚約して、結婚したのはその翌年のことだよ。結婚のお祝いに「何がいい？」って聞かれたから、ばあちゃんと相談して「炊飯器がいいです」って言って、炊飯器を結婚祝いにもらったんだ。これがうちに初めてきた電化製品だったねえ。後から聞いてみたら、五、六千円。今でいうと一〇万円もしたらしいんだけど、当時はそんなことも知らんかったから、今から思えば、みんなに悪いとしたなって思う。それに電気はくうわ、つけるとヒューズが落ちるわで、結局使わんかったね。保温もまだできなかったし、ガスで炊いた方がおいしかったからね、使ったのはだいぶ後だったたねえ。炊飯器の蓋だけさつまいもを焼くのにつかっとった（写真一）。

炊飯器以外にトースターも結婚祝いにも

らってね、当時トースターなんて見たことなかったで、どんなもんか知らんでしょう。トーストが焼けてポンってパンが飛び出す時に、当時のトースターは火花が散ってね、じいちゃんはそれが故障しとるもんだと思って。ばあちゃんに電気屋さんに修理に行かせたものだよ。電気屋さんに行ったばあちゃんは「壊れてないから直せません！」って言われて怒って帰ってきたんだよ。そういうもんだって知らなかったもん。

その後、脱水機、テレビ、掃除機、冷蔵庫、洗濯機の順で買っていったかな。冷蔵庫はね、うちは昭和三十九（一九六四）年に買ったんだけど、今まで氷をいれて使う電気じゃないものだったから、冷蔵庫がきたことで食べ物をたくさん買いだめできるようになって、市場に毎日いかんでもよくなったわあ。昭和四〇年には洗濯機を買ったんだけど、その前に脱水機を先に買っててねえ、当時の洗濯機はハンドルがついててね、それをぐるぐるまわしたら洋服がぺたんこになってね、脱水の代わりみたいにしてたんだけど、ばあちゃんはそれが面倒だったで使わないで、洗濯機で洗濯したら、脱水機にいれてたねえ。当時はまだ一層式の洗濯機しか売ってなくて、洗濯機と脱水機が別々だったから、今思うとそれはもう面倒だったけど、それでもそれまでにくらべたら、だいぶ楽になったんだよ。

あとね、昭和三十六（一九六一）年に農業基本法ってものがだされて、農業も機械化が進むようになっていったのね。だから、ばあちゃん家のまわりの農家もだんだん、トラクターのような機械を買うようになってね、わたしの両親の家もトラクターがいつの間にかあったね。それから、農業にそれまでよりも人がいらんようになってね、企業に入る人が多くなったようにも思うよ。昭和三〇（一九五五）年から一〇年間にいろいろな電化製品がでて、出るたびにみんな買ってたね。目に見えるように世のなかがどんどん変わっていった。

昭和四十四（一九六九）年にやっと電話を買ったんだよ。それまでは、近所にクリーニング屋さんがあって、そこの電話を使わせてもらっとった。他人なのに、クリーニング屋に電話がうちにかかってきて呼び出してもらったりね。でもそれが当たり前だったんだよ。

❖わが家のごはんと変遷

そういえば、それまでは和食ばっか食べてたねえ。ごはんに味噌汁に煮物にお魚。だけど、ばあちゃんは大学の専門が食物だったで、昭和三〇（一九五五）年にはグラタンとかパスタとかはちゃんとあって、学校の調理実習で作ったこともあったよ。でも、当時は家ではよう作らんかったわあ。仕事で忙しかったし、オーブンとか機械がそろっていなかったからね。だから、グラタンを知らなかったおじいちゃんが、会社の会議のとき初めてグラタン見てね、ほら、グラタンってお皿の上にお皿のっとるからね、おじいちゃん、上のお皿も食べれるもんだと勘違いして食べようとしたもんだよ。めったに食べんかったし、作らんかったけど、なんでも作った時代だったからね。こういう洋食も自分で作ろうと思えば作れる時代になっていったね。

わが家の朝ごはんはトーストのバター添え、ゆで卵、コーヒー牛乳だったのね、もうその時には卵はあったねえ。今と一緒だ。でも、卵は高かったね、まだ。卵の値段は一〇個で一〇〇円くらい。卵が安くなったのは最近だよ、平成になってからだよ。昼なんかは、何も入ってないラーメンなんかね、三〇円だったわ。夜はね、ご馳走だったよ。ご飯に煮魚とか、コロッケとか……もうほとんどなんでもあったよ。でも、ピザとか冷凍食品はなかったね。冷凍食品も最近のこと。冷凍庫も小さかったしね。

昭和三十三（一九五八）年に初めてメロンをもらってね。これどうやって食べるのかなあって思って。ばあちゃんはリンゴみたいにくるくるむいちゃってね。まずいなあ、真んなかららへんは甘くておいしいのになあって思ったね。

昭和三十五（一九六〇）年は、パチンコ全盛期でね。玉が二十五個で五〇円だったかね。その頃ちょうど息子が生まれて、景品でミルクビスケットとキャラメルをたくさん持って帰ったもんだよ。小さい頃にキャラメルを四つに切ってなめさせたらさ、虫歯になっちゃってねえ。歯が悪うなっちゃった。

印象にのこっとるのは、バナナとかパイナップルが高かったこと。昭和三十七（一九六二）年にあんたのお母さんが生まれたんだけど、ミルクを全然飲んでくれんかったのね。ほんでね、バナナ買ってね、バナナをフォークで潰してね、ベトベトにして食べさせてたんだわね。バナナ一本五〇円。高かったね。関税が高かったでしょう。そのせいだよね。

あんたのお母さんがうまれてからは、電化製品が急に増えだしたでしょう。便利な世のなかになって、時間が短縮したからかなあ。ばあちゃん、働いとったから、なかなか料理に手をかけれんかったけど、電化製品の影響もあって、料理に手をかけていられるようになった気がするねえ。

そのころにはパスタを誕生日とか行事の時に作るようになったしねえ。でも、パスタの種類は限られてて、今みたいに和風パスタとか、たらこパスタとかは食べてなかったなあ。ミートソースとかトマトばっかりだったねえ。そのころからお魚だけじゃなくて、たくさんお肉も食べるようになってたねえ。ケーキとかパンとかは高かったから、家で作って食べてたわねえ。昭和四十四（一九六九）年に当時、オーブントーストって言っとったけど、ピザトーストを食べるようになってね、そこらへんくらいから食生活は変わっていったけど、まだ本物のピザもなかったし、マクドナルドとかミスタードーナッツとかもなかったね。とにかく、今よりもなんでもかんでも家で手作りしてたと思うよ。買うなんてことはめったにしなかった。今のほうがバラエティに富んどるわ。

❖オイルショックの衝撃

オイルショックの時は、テレビで石油商品がなくなるなくなるって、たくさん報道されてね、すぐじいちゃんと買い物をしに行ったねえ、ティッシュにトイレットペーパーにいろんな石油商品を買いだめしたもんだよ。それは、ばあちゃんたちだけじゃなくて、みんなしてたんだよね。だから、そのせいで商品がたくさんなくなっちゃって。それの後は少しの間は品物がなかったわねえ。やっぱり石油商品をみんな買っていくから、食べ物は特別なくなっちゃうってことはなかったけど。でもね、石油商品じゃない天ぷら油とかもしばらくはなかったんだよ。きっと誰かが石油商品を理解してなくて、「油」ってだけで買っちゃってたんだよねえ。今もそうだけど、そのときには石油に頼りっきりになってたから、石油がない生活なんて考えられなくなってたんだよね、みんなも。

でも、オイルショックが起こっても、今までの高度経済成長のおかげで衣食住の「衣」と「食」はもう十分足りとったね。ちょっとまだ足りなかったのが、「住」だけ。昭和四十五（一九七〇）年にセキスイハウスとかダイワハウスとかがプレハブを作り出してね、そのころから住宅も変わっていったけど、オイルショックの時はまだ十分とは言えなかったね。

【聞き手　水谷友紀】

《聞き手のつぶやき》

今まで祖父母の話を聞いたことはあったが、こんなに詳しく聞いたことはなかったし、自分から聞いたことはなかった。このころの話を社会で中学、高校で習ってきたが、やはり個人史とは教科書の内容とは多少異なった。たとえば、白黒テレビは一九六四年の東京オリンピックの時にみんな購入をしたと習ったので、祖母の家もその頃買ったのだと思っていたが、祖母の家が新しいもの好きだったため、みんなよりも早く購入していたということは意外であった。また、テレビがある家庭に人が集まったり、電話がある家庭に他人の家の用事もかかってくるなんて、今では考えられないことで、とても驚いた。

また、祖父と祖母の両方の話を聞いてみて、二人は同じ時代に生きたのに、異なる学生時代を過ごしたことに驚かされた。食糧不足を経験した祖父と、食糧を分けてあげる境遇だった祖母が同じ生活をするようになっていくのは、聞いていて不思議で、それもまた面白いと感じた。

改めて個人がおくってきた生活は、ひとまとめにすることができないし、同じ時代を生きても、同じ人生は生きることはないのだと感じた。また、祖母から一九五五年から一〇年間はさまざまな電化製品が増えたと聞いたので、そこから大量消費社会が到来したことが察せられるし、一九六〇年の池田内閣が打ち出した国民所得倍増計画が、このころの高度経済成長を支えたものなのであろう。

聞き書きを行い、祖父母の人生を記録していくことで、自分の生活もみつめ直すことができた。現在は、たくさんの電化製品であふれていて、便利に快適に過ごすことができ、手に入れたいものがあれば、簡単にいつでも、どこからでも取り寄せることができる。そして、より速く、快適に、どこへでも移動することができる。そんな社会の中で生きている私たちには、考えられないような世界であったが、今よりも人と接する機会が明らかに多いと感じ、それをうらやましくも思った。このように、これからも自分の生活を振り返っていくことが大切ではないかと感じた。

第三部　新しい味をもとめて

ほんとに、難儀しました

長《は》谷《せ》川《がわ》静《しず》子《こ》さん

昭和二年十一月生まれ。生まれたときからずっと名古屋市東区に住み、名古屋大空襲も経験する。戦後、結婚したあと自宅で外科医を開業。現在も名古屋市東区在住。

❖おいたち

わたしは生まれたときから、ずっとこの徳川町におるんです。ですから、まあ、おふるふるなんですけどねえ。昭和二（一九二七）年十一月生まれなんです。この石黒家は本家ですもんでね、わたしは大事な初めてうまれた子なんです。わたしの母と父が呉服屋やってましたのでね、もし、子どものことにじゅうぶん、手当できなくて死なかしてはならんいうことで、わたしはほんとの石黒のおじいさんとおばあさんのほうに預けられちゃったんです。預けられたっていっても徳川町は徳川町ですけどね。一町ばかりはなれてるだけなんですけど。そこで小学校の三年生の終わりまで年寄りに育てられたんです。

わたしの弟は二人とも親のそばにいましたけど。毎年京都から人形師が来ましてね、わたしとおんなじ大きさの人形をつくって、まあむかしの人のやることですね。もしなんかあったときには人形がその犠牲になってほしいということで、それで毎年人形をつくってくれてたらしいんですよ。毎年わたしと同じ着物を着てるんですよね。わたしは「なんでこんなにたくさん人形があるのかな?」なんて思ってたんですけどね。

小さいときって、わたしほんとに弱かったんですけど、ご縁っておかしなもので。いまの主人の親が太陽光線やってたんです。そこへわたくし、もうしょっちゅう連れてかれてね。「体を丈夫にしてくれ」いうて連れてかれて、太陽灯を浴びてたわけですけどね。それはもう電気でやるやつだから太陽の光ではなかったんですけどね。それこそあてるのは五分もかからないくらいですけどね、順番にだんだん長くかけてくださるようになりましてね。

それでほんとに元気になりましたの。小学校一年生のころは、もうほんとうに病気ばっかりしてましてね、なかなか学校にずっと続けて行けなかったんですよね。それで年寄りがついていっては、うしろのほうで待ってて、調子が悪くなってくると、うちへ連れて帰っちゃうくらい弱かったんです。夏は七月のはじめから海へ行きましてね。海岸沿いのオゾンを浴びるとつよくなれるからいうことで。幼稚園のころから知多の若松っていうとこありますね、そこで離れを借りましてね。年寄りと三ヵ月くらい生活してたんですけどね。だから学校行くよりそちらで体をつくるようにしてましたですけどね、二年生からはだいぶ元気になったもんですから、学校も休まなくなりまして、皆勤賞もらいました。

❖むかしの徳川町

わたしの家は、徳川町一丁目一番地だったんです。わたしの子どものころはね、わたしの家の敷居のとこから徳川さんの大きい門があってね。いまの徳川さんの入り口の門と同じくらい大きな門があったんです。わたしら子どものときは、そっからなかに入って徳川町だったんです。その外は大曽根町になってたんですね。

まあなにしろ徳川町で、門から敷居があってはいけないいうことで昭和六（一九三一）年に、その門をとったんですよ。徳川町に住むと孤立しちゃいましてね、ほかの町とのおつきあいがなかったんですね。それではいけないからということで、門をはずしてもらって、おとなりの大曽根町とも山口町ともみんな仲良く暮らさせていただくようにしようと。それで門をはずしていただいて、みんなとおつきあいできるようになったんですよね。

むかしの徳川町っていうのは、軒数はそんなに多くなかったんです。みんな二百坪とか三百坪とか土地を持ってる人だけが徳川町に住んでたもんですからね、みんな大きな土地の持ち主ばっかりで。住んでる人は一人か二人しかいないんですよね。むかしは三百坪くらいがいちばん小さかったんじゃないですかね。

でも空襲のときは、火を消す人がいないんですよ。みんな疎開してて、ほとんど空き家になってたの。だから、だあれも消す人がいないから、みんな燃えちゃったんです。疎開してそのまま疎開先に住み着いて、その土地は売られたりね。そいでマンションが建ったりなんかしてね。それでだんだん徳川町も変わっちゃったんです。むかしはマンションなんか、ひとつもなかったですからね。そういうふうでね、むかしいた人が戦争中に燃えたのを機に戻ってらっしゃらなかった人が多かったんです。

戻ってきてらっしゃるかたは、ほんのわずかな人でしてね。みんな売ってしまわれて。やっぱり生活が大変だったからでしょうけどね。

❖徳川町の商店

戦争前は商店がずっと道の両側にありました。卵屋さんやら雑貨屋さんやらね、こんにゃく屋さんがあってタバコ屋さんがあって、そいで洗濯屋さんがあったり、八百屋さんも用品店もありました。だからね、みんな徳川公設市場に来た帰りに、欲しいものを買ってかれよったですよね。となりなんかは雑貨屋さんていうんですか、洋服つくるとこもありましたしね、セーターだとかシャツなんかを売ってみえたですからね。鰻屋さんもありました。なんちゅう名前だったかなあ。入り口で焼いてて、お土産に買って帰る人もありましたし、二階でウナギを食べさせられよってね。いろんな商売屋さんがあったんですよ。終戦後はやっぱり全部燃えちゃって、みんななくなっちゃいましたけどね。

徳川公設はわたしが子どものころからあって、いまもあります。なかにはうどん屋さん、芋屋さん、砂糖屋さん、お米屋さんもありましたね。漬け物屋さんが二軒あって魚屋さんが三軒並んで入ってましたしね。八百屋さんも二軒ありましたし、乾物屋さんも二軒あったですね。果物屋さんも二軒あって、肉屋さんがあって……けっこういいお店があったもんですから、便利だったですよね。売るところは小さいですけど、軒数はけっこうあったんです。ひととおり市場のなかでなんでも買えるようになってました。

❖変わっていく徳川町

むかしは防犯ベルていうのがあってね、ここは一丁目一組なんですよね、一組のなかでみんなつながってましてね、泥棒が入ったり、なんかこわいことがあったときにそのブザーを押しますと、みんなが出てきてね、どこの家が被害にあってるかわかるように防犯ベルをつけたもんなんです。終戦後つけたんです。平成になってからは、もう使わないですけどね。もし夜中になんかあったときでも、ブザー押したらみんな出てきてくださるといいからね、そういうのをつくったほうがいいと思うんですけどね。なにしろ昭和の時代はあったんです。ブザーもちゃんとつけてらっしゃってね。いまはもうやっちゃいけない言うんです。

あとむかしは、家の前をみなさん朝にはいてらっしゃったわ。わたしが朝はいてると、おとなりが出てきて一緒にはいてるわけですよ。そうするとお互いね、顔を見るとお元気でみえるなってこともわかりますしね。でもいま、だんだんそういうことなくなってね。まだここらへんはむかし商売やってらした人やらなんかですもんね、だからわりに仲良うしてますけどね。もっとむかしみたいにね、仲良くしたいもんですけどね。むかしはね、ちょっとなんかごちそうつくると両隣に走って持っていったもんですけどね。おとなりとの塀のところがとびらで行き来できるようにしてあってね、今日はごはんつくったからっていって持っていったりね。戦争中は余計ですわね。お互いに声かけあおういうことで。

徳川町もいまね、九百所帯入ってます。だから多くなったもんですからね、みんな管理がなかなかできなくなってね。むかしはね、みんな引っ越ししてらすと、ごあいさつにまわったもんですけど、いまはそういうことないですしね。マンションに入られても、「おとなりの方がどなたか知りません」おっしゃいます。おつきあいがないんですわね。戦争中はまあとくにね、仲良くしないとなんかあるといかんもんだから、仲良うしてましたですけどね。だからむかしほどね、おとなりの方と懇意にしてということないんですわ。この一丁目だけでもね、お年寄りの方同士はつきあってみえますけど、若い方が入ってみえると、もうおつきあいがないですしね。だからもう世のなか変わったねって、言ってるんですけどね。

でも、みんなと仲良うやらせていただいたほうが、なんかの助け合いができますしね。いまおひとりの方が多いでしょ。だからできるだけ見てあげたほうがいいからと思ってね、わたしもときどき覗いて「お元気ですか?」って、聞いてみますけどね。だからね、名簿つくらせてください言うても、なかなかいい返事がないんです。そういうことしてもらうと泥棒が入るといけないから、家族名は書かんといてくださいっておっしゃる。だからいまは名簿もつくれないんですね。なにかちょっとあるときに困るから役員だけが見る名簿だけでもつくらせてください、言ってるんですけどね、出す人が少ないんですね。あんまり無理にも言えませんからね。名簿はだいぶ前につくってから、もうつくってないですね。

❖戦争と徳川町

むかしは道も少なかったですからね、道つくるために住んでた人たちが立ち退きになったりもしました。大通りといろんなとこがつながってなかったんですね。それではいけない、いうことで。火事があったときに消防車も入れないからね。けっきょく戦争中にあちこちが燃えましたでしょ。ここらへんは昭和二〇(一九四五)年の四月の七日に燃えましたですけどね。三月の二十五日に西区のお城のへんがずっと燃えたんです。で、「今度はこっちだ」っていう噂が出ましてね、早く立ち退きして道路を広くしなきゃいけないいうことで、その戦争中に道をつくっていただいたんですね。昭和十八年か十九年にぬけてるはずです。まだ終戦ならないうちに道はぬけたんですけどね。

このへんには三菱がありますでしょ。そういうので今度はこちらがやられるいうことでね、道路を広くしたんです。バス通りのところもね、ほんとうはもっとせまかったんです。でそこを三菱でつくった飛行機を運ぶために広くしたんです。みんな自転車やなんか置いときますでしょ、とても車が通らんのですわね。で、通らんからということで、三軒分立ち退きになったんです。三菱に発動機というのがあってね、そこで飛行機つくって、夜中に馬車に乗せてごろごろ引っ張っていったんですけど。そいであちらの、港のほうまで持ってってたんですよね。スパイが見張ってるからって言って。でもあんた、そんな車に覆いをかぶせたくらいじゃわかりますよね。はやく道路を広くして、車で走ったほうがいいいうことでここの道路が広くなったんですから。戦争中にね。だから徳川町もだいぶ変わりましたよ。

❖学生動員と鯨の思い出

戦争中はね、千種の中田通りをずっと入ってったところに、わたしたち学生動員で行っとったんですわね。弾づくりやっとったんです。それから今度飛行機の部品だって言われたんですけどね、秘密兵器だから、そこにはだれも入れるなっていうことで、周囲ぜんぶ土塀でかこって、ちょうど防空壕みたいに土塀でかこったなかに一台だけ、旋盤工ってご存じかしら。鉄を削る機械ですわね。青い図面にはさんだやつもってきてね。その寸法に合わせてつくれっていって、それを全部箱につめて。そうすると憲兵が来ましてね、できあがったやつを全部はかってね、それでおしゃかだとね、ものすごい怒りよったですわね。その憲兵にね、「こんなおしゃかつくっては困る、こんなにもったいないことしてはいかん、立っとれ」って怒られてね。

箱がいっぱいになったら、今日の仕事は終わっていいって言われてね。夜勤と昼勤と両方でそれつくってたんですね。学生でしたけどね、女学校の四年生から工場へ動員されてね、だから三年生までは授業やりましたけどね、四年生のときは一週間に一日だけ勉強がありましたけど、あとは工場ですわ。もう五年生は全部工場でしたわ。学校では全然授業なかったですよ。昭和十九年に卒業でしたからね。もうほとんど授業してないですよね。だから学校行けるときはもうほんとうにうれしくてね。楽しんで学校行って授業受けれるの。四時間しか受けていかれないということでね。あとはもう工場で働いとったんです。

学費はもちろん出さんならんですわね。ですけども工場で働いたのは、どうもお金は入ったんですけど、手元にもらったことはないですからね。ただお弁当は、むこうでお昼ごはん食べさせてくれますし、夜勤やったときは十二時にごはん食べさせてもらえますのでね。お弁当はね、それこそ米とね、サツマイモ。サツマイモをごろごろに切って一緒に炊いてあるんですわ。お米がなかったもんですからね。それがどんぶりにつけてあるんですわ。それでそのおかずが、鯨の肉だったんです。それから大豆の油しぼりますと、粕ができますでしょ。それがごはんに炊いてあったり、おかずに入れてあったりね、それはもうほんとにひどいものだったですよ。肉なんか食べたことなかったです。肉がなかったですからね。だから工場やなんかの配給があったんじゃないでしょうかね。

鯨の肉は、かたくて、いやなにおいがしてね。だからね、「これなんですか」って聞いたら鯨だって言ってね。鯨ってったって、わたしらは見たことないですからね。絵で描いたの見るだけで本物見たことないから、あんな大きなのどうやってあれだろねって話してたですけど、どっかから来るんでしょうね。それをおかずに炊いてあってね。それひとつ口に入れたら、もういつまでも噛んでなくちゃいけなくて。このくらいの大きさに切ってあるんですわ、四角くね。口ひとつ入れたらもういっぱいになっちゃうから、いつまででもガム噛んでるように噛んでなくちゃいけなくて。「鯨って、ほんとうに食べれるの?」て言ったんですよ。お醤油とね、お砂糖はほんのちょっと入れてあるみたいで、佃煮みたいにたいてあるんですわ。

ごはんのなかには芋だとかヒジキも一緒に炊いてあって、結局ごはんのかさを増やすんですわね。そういうものを食べさせられたんですわ。それから芋切り干しですね。あれはおかずの代わりにちょっとお皿の上に乗っとるんですわ。それから大根切り干しも、あれもただ冷やかしてね、お醤油とお砂糖で煮てあるだけなんですわ。それがもうどーんと器に乗ってるんですわ。残したらしかられますからね、みんな食べんならんですけどね。そんなんでしたよ。だから「また切り干しだよ」って言ってね。まだおさつの切り干しはいいですわね。ちょうどゆがいて切って干してありますからね。昼に食べれんと、ハンケチに包んでポケットに入れといて、お腹すいたときにちょっと食べたり、家に持って帰ったりしよったですけどね。ほらもうなんともいえないにおいがしましてね。でもおなかがすくからね、食べれんのどうの言っとれやしません。おなかさえふくれればいいからっていうことで。

ワカメとヒジキもしょっちゅうでした。だからいまだにね、あんまり好きじゃないですわ。戦争中に海草類はいくらでもとれますでしょ。だからそういうものをご飯のなかに入れるんですけど、ご飯なんかもう、ヒジキで真っ黒けですよ。それがどんぶりに一杯ずつ出ますでしょ。もうヒジキより米の方が少なくて、かき分けて米粒を食べてたですけどね。それにおつゆがついてるんですよね。おかずが少ないときは味噌汁みたいの。そのなかにもワカメがいっぱい入ってどろどろになってるんですよね。でもそれも残すといかんもんですからね。みんな嫌でもなんでも食べちゃわないといけませんでしょ、だからみんな無理して食べてて。ほんとにもう食べるものには難儀しましたね。お腹さえふくれりゃいいっていうものののね……。でも食べずにほかっとったら栄養失調になっちゃいますからね、なんでも入れるよりしょうがないから食べてましたけどね。

でも鯨はもうそのときのにおいがね、鼻についちゃってね。嫌だったですよねえ。ほんとにいまだに鯨はよう食べません。

❖戦争中の庶民の食事

まだ工場行ってたから、ご飯食べれたけどね、みなさん大変だったですよ。みんなひもじい思いしてね。サツマイモのつるをみんな、それこそ家が燃えちゃったとこで、みんな芋つくってらっしゃるんですわね。それでそのつるを盗んでってかじって。ちょうどガム噛むみたいに、つるの芯をガジガジ、ガジガジ噛んだんですよ、子どもたちは。

太った子なんかひとりもいなかったですよ。もう、ろっ骨の出たようなね。そういうものしか食べるものがなくて。わたしのとこはちょうど四月七日に燃えましてね。庭に池があったもんですから、そこにまだ鯉がだいぶ生きとったんですわね。それもね、あくる日いったらもう一匹もいなかったんです。泳いどった鯉がね、みんなの餌になっちゃったみたい。

わたしのとこはまだ父が自分のとこで畑もつくってましたからね。ちょっと土地を借りましてね。それでお芋やら麦やら豆やらつくってましたからね。麦もうちでつくってました。だから小麦粉を家で石臼でつきまして、粉をふるいにかけて、いわゆるメリケン粉ですわね。それで団子をつくったり、すいとんをつくったりして食べましたね。こないだある人がなつかしいからすいとんつくってみようかって言って、友達が寄ったです。出汁は昆布とカツオのいいお出汁つかいますしね。おいしい、おいしいってみんな食べてくれるもんですからね。戦争中はどうしてあんなにまずかったのかなって思いましたけどね。昆布なんか手に入らなくて、やっぱりお出汁がないからね。カツオをほんのちょっとと、塩とお醤油もちょっと入れただけだから、おいしくなかったんでしょうけど。当時は、すいとんが出るたびに、またすいとんかと思いましたね。でも母は一生懸命つくってくれますから、そんなまずいとは言えませんから、おいしい、おいしいって食べたもんですけどね。あのときのすいとんはまずかったなと思いますよ。

市場にね、配給する米が積んであったんですわね。それが燃えちゃったもんだから、配給する家がないでしょ。とりにくる人もないもんですからね。そんで焼け跡に父と行きましたらね、お米がいっぱい焼き米になっちゃってるわけですね。だから、「よかったら、このお米、持ってってくれ」言われてね。持ってってくれって言われても入れるものがないんですよね。で、裏の小屋のなか見たらね、やなぎごおりのちいさいやつがあったんでね、ふたのほうと下のほうと両方にいっぱいずつ入れて持ってきたですよ、自転車のうしろに載せてね。ほいでおかゆさんに炊いたりなんかして食べましたよ。ちょっと茶色くなってましたけどね。なにしろお粥さんにすればいいからって。それを母がといて鍋でことこと炊いてね、何日かいただきました。助かりましたわ。

お米はどこ行っても買えませんでしょ。物々交換で着物持ってったり、田舎行ってお米一升くらいもらってきたりね。そんな一升だけもらってきたって家族が何人かいたら一回でなくなっちゃいますのでね。で、ご飯としては炊けないんです。お粥さんですわ。そうやってもうお米をほんとに大事に、大事にしてたですよね。わたしのとこはまださいわい、矢田のほうにちょっと土地借りとったもんですからね、そこでサツマイモつくっとったもんですからね。ほいでサツマイモとると今度は麦をまいてね、麦を少しとって粉をとってメリケン粉にしてましたけどね。

みなさんやっぱり困られたですよね。お芋は素人でもつくられたもんですからね、もうほんとにたくさんとりよったんです。町内の人に持ってきてはね、さしあげよったんです。もう芋でもなんでもいいから、腹さえふくれりゃいいってみんな言われるものですから。蒸すかね、木を持ってきて焼くんですわね。焼き芋が一番おいしかったですね。

それこそ冷蔵庫なんてそんなもんありゃしませんでしょ。あのころは氷を一瓶ずつもらってきて入れる冷蔵庫だったんですよね。だからちょっと大きいやつだと二瓶ずつ入るように氷屋さんが持ってきてくれたですわ。だけど戦争中は冷蔵庫がある家が少なかったですからね、しまっとくっていうことできませんでしょ。だから食べるだけずつ、炊くよりしょうがないんですわ。ご飯でもね、たくさん炊いたら腐っちゃいますでしょ。腐るなんてもったいないもんですから、どうやって保存したらいいだろうっていったら、やっぱりね、ご飯炊いておにぎりにして焼き飯にするといいって言ってね、焼いたやつをみんな紙に包んで、そいつをみんなこう腰にぶらさげてね、非常食に持って歩いたんですよ。そんなことするなんて思われんでしょ。いつ何時、爆撃受けるかわからんからいってね、おにぎりを二つくらいずつつくってね、それを紙に包んでね。手ぬぐいと食べるものといつもぶら下げて歩きよったです。

❖朝鮮人とわたし

わたしのとこは父が商売やってまして、多額納税者だったもんですから、招集も徴用も来なかったですわ。でも結局、終戦の年の四月に、よっぽど人が足らんようになったんですわね、徴用がきました。父は三菱に働きに行ったんですけどね、その当時は韓国人、朝鮮人の人たちもみんな同じところに働きにいってたんですわ。でもみんな日本人じゃないから、差別待遇したりする人が多かったんですよね。でもわたしたちはそんなことを思いませんでしたしね。わたしの父も、そういう人は遠い国から日本へ働きにきてるんだ、気の毒だから言うてね。いつもわたしのとこへ遊びに来い来い言うてね、うちでご飯食べさせて、そういう人たちを歓迎してあげよったんですよね。親がそういうことやってたから、わたしたちも子どもさん連れてみえると一緒に遊んだりなんかして。また来てもいいですかって言うから、いつでもいらっしゃい言うてね。わたしは遊ぶのとっても楽しみにしてましたわね。だけど、ところによってはものすごく差別待遇された方もありましたよ。でも同じ人間ですしね。日本のために働いてくれる人たちなんだから。あんなことどうしてするだろうって思いましたね。戦争中から終戦後になってもおつきあいしてましたのでね。また向こうの人はそれを喜んでね。

わたしらでは闇米買うこともできなかったんですよね。向こうから来た人は日本人じゃないから、そういうこともおおっぴらにしてたんですよね。そういう人がお米を買って持ってきてくれたり。おやつに食べてください言うて、自分たちがつくったアメだとかおせんべい、芋切り干しにしたやつだとかね、そういうのをよく届けてくれたんです。またそれをおやつのない方には差しあげたりね。みんなで食べたもんですよね。終戦後は本国へ帰っていかれたんですよ。わたしどこの国の方でもね、日本へ来て働いてくださるんなら仲良くしたもんです。

わたしは主人と一緒になって五、六年経ってから開業したんですけどね、そのときにも向こうのかたが診察に来られたり、入院させてくれって言われるもんで、いいですよって言って、みんな一般の方と同じように入院してもらったんです。でもここみたいに差別待遇なしで、わたしたちをみんな入院させてもらえて嬉しい言うてました。完全に治ったら退院すればいいんだからって、食べるものもなにもかも同じようにしてね、早く元気になってねってやったら、涙こぼして喜ばれよったですね。差別待遇することはわたしたちが大人になってからはなかったですけど、戦争中にはいろいろあったようですね。

❖戦後の苦労話

戦争のあとほんとに難儀なことしましたよ。わたしたち学校に入ったものの、本がなかったもんですからね。だから先輩の本を借りてそれをわら半紙にうつしては、うつしながら頭に入れて覚えて、それで試験受けました。栄の角のところに古本屋がありましたね。そこへ行っても医学雑誌はないんですわね。ほかの本はたくさんあったんだけど。それもはじめはね、物々交換だったんですよ。お米持ってきたら、この本と交換って。でもお米もあるはずないですしね。それでお金を父からもらってね、わずかなお金を持って行って、それで本ほしいって言ってもね、なかなか医学の本は売ってくれなかったんです。もう書くよりしょうがないですからね。だいぶ経ってから原稿用紙が出てきましてね。でも原稿用紙だと紙がたくさんいるんですわ。マスにひとつずつ字入れてきますからね。わら半紙だと詰めて書けますでしょ。だからわら半紙に書いては、とじるのに錐で穴あけてね、ほいで紐でこうしばってね、本をつくってね。そうやって学校で勉強したんですよ。想像できませんでしょ、おたくらじゃねえ。ほんとに難儀しました。

　卒業生も少なかったですしね。みんなやっぱり途中で病気になっちゃったり、もう学費が続かんからってやめられたりね。で、入ったときは四十三人でしたかね、それがみんなやめちゃったり、亡くなったり。で、卒業したときは二十三人ですね。少ないですねえ。そんなんでしたわ。わたしも考えてみたら、それこそ女学校のときもしっかり勉強してないですしね、これはもっと勉強しなくちゃいけないっていって、主人に「わたしはあてにしないでね、もっと勉強したいから」って言って。それで国立のほうで籍入れていただいて、そこで勉強させていただいたんですけどね。わたしは骨の勉強をちょっとしたかったもんですからね。骨折やなんかだとね、ちゃんと見せていただいて自分のノートにひかえさせていただいて、みんな勉強してね。そのあとわたしは柴田先生という人についたもんですから、その人はもう解剖一手でしたもんで、解剖のほう教えていただいて。そいでまあ主人と一緒になったときには解剖もやれるようになりました。

だから、べつにね、医者をやろうなんて夢にも思ってなかったです。自分はなにしろ勉強したくてしたくてね。勉強が五年生で全然やってないでしょう。四年生も週にいっぺんずつの授業ですからねえ。英語は全然なかったですからねえ。化学だとか物理だとかね、そういう勉強が足らないんですわ。難儀しましたのでねえ。だから女でもちゃんと勉強しないと、と思いましたよ。わたしらのこと思ったらね、今は幸せ！　おたくらはほんとに。で、どうしても帰りが遅くなりますでしょ、そうすると父親がおこるんですよ。女の子がこんな遅くまでどこをうろついてたんだ、不良になったんじゃないかって。こっちは一生懸命勉強してきてるのに。どこ遊んできたんだって言いますでしょ。もう涙のほうが先でちゃいましてね。母親が一生懸命なだめて、自分でやりたい勉強しなさいって。まあ母親がなだめてくれたからまだよかったけど、ほんとに難儀しました。

❖料理教室の思い出

いまは料理教室やなんかあるでしょ。昭和二十五、六年になって、やっと食べ物が入ってきて、料理教室やなんかできましたからね。でまあ、わたしも栄養士の学校の講師を頼まれましてね。御園座からちょっと南へ行ったところに、文化講堂[1]ていうところがありましてね、そこに音楽教室があったり、栄養士の、生徒さんがいらしたりして、お料理教室もそこでやったんですよね。田中っていう名大のほうにいらした方が校長先生で。女の方で、お医者さんなんですけどね。そういうつながりで、ちょっと手伝ってもらえんかって言われて、お手伝いしたんです。

それから、平田町のそばに花嫁女学校というのがありましてね、高橋という先生が料理の講習会のほうやってらしたもんですからね、わたしも若いときに、暇があるとお料理習いにいったりなんかしてましたので、それで資格をとったんです。まあ医者も栄養学も一緒に勉強しますのでね。料理を教

▼1　文化講堂　愛知文化講堂。一九五八年に愛知県文化会館の一施設として名古屋市東区に開館。愛知県芸術劇場の完成と建物の老朽化により一九九二年に閉館した。

える人があんまりなかったもんですからね。生徒はいくらでも入ってくるんだけど、男の先生がみんな戦死しちゃって、先生がいないからって。みんな食べるものをじゅうぶん食べてないもんですから、からだが細いんですよね。だから無理できないんですよ。わたしはまあおかげさまで丈夫だったもんですからね。二十二、三歳のとき、わたしがまだ石黒の頃ですわね。習いに来る人は募集して申し込めば来れるもんですからね、それこそ若い方からお年寄りまでみんな習いにいらして。そこでまあちょっと、お教えするというようなことじゃないんですけど、なるべく粗末なものをも上手に使って、みなさんに喜んでいただくお料理をしましょうということで、お料理教室をしたんですよね。

いろんなものつくりましたよ。フランス料理からなにから、いろんな料理をね。パンなんかもつくりました。役所のほうからですかね、わからないですけど、材料が届きますのでね。本があるもんですから、分量やなんか全部黒板に書いて。紙がないから印刷したくてもできませんのでね。それをみんな生徒さんはうつしてね。昼間は調理師になる人の勉強を教えたりね、それから栄養士になる方の授業を見ましたけどね。いままで言う専門学校ですね、二年間の学校だったです。なにしろ学校がみんな燃えちゃって少ないですからね。生徒さんが月謝払うんです。で、それをわけていただくわけですわね。だから、お野菜はなるべく市みたいなとこで買ってきてね。栄養の学校ですのでね、これはどのくらいのカロリーがあるとか、こういうもの食べると人間にどういうふうになっていくかということもぜんぶ教えるわけですわね。

それから、あっちこっちの婦人会ってのありましたでしょ。そういう人たちがお料理をどうやってつくったらいいかということでね、お料理教室をやってくれって頼みにみえるわけですわ。それから町内のちょっとした集まりの人たちが、「お願いできんですか」って学校へ頼みにみえよったんですわ。お料理のできるお勝手の広いところじゃないと大勢ですからやれませんのでね。学校の研究室のようなとこでちょっと講習をしてやってきましたけどね。みんな真剣でしたよ、いろんなことね。習いにきてるのはみんなわたしより年上の人ばっかりですもんね。だからほんのわずかのお礼をいただくだけで。むこうで材料はぜんぶそろえてくれますでしょ。こっちから前もって、こういうものを用意しといてくださいって言うとね、野菜なんかどってりつくってある人が持ってきてくれるもんで、帰りに少しいただいたりね。

わたしらのときはね、分量をはかるのに何合でやりよったんですよね。それが終戦後リットルでやらなくちゃいけなくなったんですよね。そういうことでちょっと、とまどいましたね。もうそういうことから終戦後は変わりましたから。今までなにはかるにしても一合ぐらいの水を入れるとか、勺の水を入れるとか言ってたのが、全部リットルでやらなくちゃいけないようになりますでしょ。お出汁も何グラム入れるとかね。まあそれは覚えてしまえば、あれなんでしょうけど、慣れるまでが大変でしたねえ。先生方もね、「慣れないから、もうやめるわ」とか言ってやめちゃったですよ。「長谷川さんは、やめないでね」って言われよってねえ。

収入はかなりありましたけどねえ。日曜日なんか頼まれていくと、出張手当がつきますしね。岡崎だとか安城だとかの公民館まで頼まれて行きました。だからまあ、わたしは医者のほうだけじゃなくてね、そういうこともやってましたよ。やっぱり学校でてる人が少なかったもんですからね。それでもこのころには、生活も少しはよくなってきてたと思うんですけどね。

❖庶民の生活と栄養学

まだ終戦後ですから、お料理教室が珍しかったんですわね。むかしは料理教室ってなかったんだそうですね。栄養士になるための学校はあってもね、料理を教えるということはあんまりしなかったそうです。みんな貧しい生活ばっかしずっとしてましたので、これをどうしていいかっていうことで。やっぱり家庭を持った人がね、家族の者に食べさせるものがなかったんです。なにしろ食べるものは粗末なものですからね。だからわりに寿命も短かったんですよね。だいたい六〇歳前後で亡くなる方が多かったですね。結局カロリーが少なかったんじゃないですか。収入の少ない方はお野菜ばっか食べてらしたんですね。だからこういうものとこういうものと食べればカロリーが出るとか、栄養もとれて長生きできるからということでね。でもタンパク質だとか、これは脂肪がどのくらいあるとか言っても、年寄りにはわからないんですよね。なにを言ってみえるんですかっていうようなことでね。それで結局、命を長くするにはね、こういういろいろな色のものを食べないと、体のためにはよくないんですよと言って、お話するのがはじめですわね。ホウレンソウだとか、おネギだとか、緑のものにはビタミンCがどういうふうだとか。それから果物にはこういうものが、ということを教えて。

戦前は栄養学どうのこうのなんてことはあまり言わなかったですけど、いいものをつくって食べさせて、それで寿命を延ばすようにしないといけないということが、やかましくなったんですよね。でもやっぱり栄養学をやるようになってからだいぶ違ってきましたね。終戦後は餓死する人がかなりありましたから。みんなどこも悪くないのに、なんで死ぬのかわからんって言ってね。それと結核が多かったですね。結核ってのは、やっぱ栄養が足りないと細菌が入って来てなる病気なんですよね。いまは栄養がだいぶ高まったから、抵抗力もついてもうないんですよね。ただ、いま結核になる人はね、痩せたくて食事制限してる女の人が多いですね。やっぱりね、いまはみなさん痩せたいっていうことでね、あまりいろんなもの食べないようにしますのでね。

❖戦前と戦後のバナナ

戦争中はよくバナナの干したやつを食べてました。こう輪切りに切って、それを干してあるやつが袋に入ってね。むかしは台湾の短いやつでしたね。でも高かったんですわ。母がね、なんかないことにはバナナ一房も買ってくるのなかなか躊躇してね。なんかあると一房ずつ買ってきてくれて。うちは従業員が大勢おったもんですからね、わたしらだけに食べさせるわけにいかないでしょ。だからこう一房ずつ買ってみんなに一本ずつ、おやつや食事のあとに食べさせたりしましたけどね。はじめは高かったですけど、だんだん安くなりましたね。わたしら子どものころは一房ずつしか買えなかったですけどね、終戦後は一本でも二本でも買えたんですわ。だから好きなだけ本数頼んでね。やあいくらくらいで買ったでしょうね……。バナナこんな値段で買えるんかな、と思うくらい安くなりましたよ。終戦後果物でいちばん早かったんじゃないでしょうかね。それからあの、ブドウの干したやつですね。あれとバナナは終戦後、早く食べれましたね。

いまなんかでも安いですもんね。こないだ四本で八八円でしたよ。フィリピンと書いてありましたね。安いですねえ。あんなフィリピンからこっちへ送ってきといて、そんなんで買えるなんて。ミカンのほうが高いですわね。果物のなかでいちばん安いんじゃないかなあと思って。包丁でむくわけじゃないから、小さい子どももみんなやれますもんね。うちの主人なんかとくに、包丁でむいてる時間がもう待てんのですよね。だからバナナかミカンがいいって。リンゴはもういいって。

バナナはよく患者さんにもつけたですけどね。バナナは頭の回転よくしますからね。だから老人に食べさせるといいし。お通じのちょっと出にくい人やらにバナナを朝なら朝一本ずつつけたりね、そうするとお通じが出るんですよね。病気で入院された方はお薬に頼らないで食事で気をつけてあげると、みんな全快するんですわ。そんなことで長年やってきました。

【聞き手　木村仁美】

《聞き手のつぶやき》

今回はわたしにとって三回目の聞き書きとなった。三回目であっても、やはり聞き書きは難しいが、そのぶん面白いという感想は変わらない。

これまでと違ったのは、会ったことのない人に一人でお話を聞きに行ったことだ。祖母と親しくしていらっしゃった長谷川さんに、父の仲介でお会いすることができたのだが、「お話好きな方だよ」ということ以外はとくに何も言われず、いったいどういう方なのか想像もつかないまま、質問を考えてお話を聞きに行った。長谷川さんはこれまでお話を伺った方のなかでも最高齢で、医者であり町内会の会長を何十年もつとめていらっしゃった経験豊富な方なので、予想もしないような言葉が次から次へと出てくる。わたしは最初考えていた質問も忘れ、驚嘆の声をあげて聞き入るだけになってしまった。

とくに心に残ったのは、名古屋大空襲の話だ。名古屋大空襲については、あまり教科書でも扱われず、わたし自身ずっと名古屋に住んでいるにも関わらず、話を聞くこともない。しかし、名古屋大空襲を身をもって体験した長谷川さんから聞いた話によって、「この名古屋で本当に空襲があって、たくさんの命が失われたのだな」と、初めて実感することができた。学生動員で兵器をつくらされ、名古屋大空襲から生き残り、戦後何もない時代から必死で医者になるための勉強をし、戦前から名古屋の歴史をずっと見てきた長谷川さんの口から出る「もう戦争中はほんとにいやな想いしましたからね、戦争は絶対やっちゃいけないですよ」「わたしらのこと思ったらね、いまは幸せ！」「ほんとに、難儀しました」などの言葉は、たいへん重みをもったものであった。

また、今回はあえて鯨について具体的に質問することをしなかった。昔の徳川町の店などの話から、自然と鯨の話が出てくるのではないかと思い、待っていたのだが、なかなか出てこない。しかし、学生動員の話のなかでついに鯨が出てきたとき、「つながった！」と底知れぬ感動を覚えた。前回祖母に聞き書きをしたときは、給食で味噌汁に入っていた鯨がいやで、それ以来食べたいとは思わないという話だったが、長谷川さんの場合も祖母と同じ渋い表情で「鯨ってほんとうに食べられるの？」という当時の心境を語っており、おもしろかった。

また、料理教室の話からは、なにも食べ物がなく、栄養が足りなかった戦後から、飽食化が進み、「痩せたい」という風潮が世の中に満延する現在までの食生活の移り変わりを感じることができた。自らの食生活を見直すきっかけになる話であったと思う。

今回の聞き書きでは、戦前から現在までの名古屋の変遷と、変わっていく人びとの生活を、長谷川さんの目から幅広く知ることができた。このように、一人の人が見た歴史をこれからももっと知っていくために、たくさんの人の話を聞いていく必要があると思った。そして、名古屋に生まれ、名古屋に生きるわたし自身の日々の「当たり前」の生活の見方を変え、より広い視野で自分の生活を見直していかなければいけないと思う。

竹内《たけうち》たみ子さん

食べることが、一番大事

大正十四（一九二五）年、愛知県犬山市で生まれた。夫を昭和五十四（一九七九）年に亡くし、現在はひとり暮らし。料理を作って近所の人にお裾分けをしたり、新しい料理に挑戦したりと、家事を楽しんでいる。結婚から現在まで岡崎市に暮らす。

❖戦後最初の頃の食事

二十二歳（一九四七年）でおじいちゃんのところへ嫁いだんだけど、戦争中は、日本造兵廠の鷹来工場で秘書として料理をしていたよ。造兵廠ってね、日本軍が使っていた鉄砲の薬莢や弾薬をつくるところだよ。学校をでて遊んでもいられないから、十九歳から挺身隊として造兵廠に勤めていたんだよね。

その頃は、あまり食べ物がなくて、サツマイモのツルを切ってきてきんぴらを作ったり、天ぷらを作ったりしていたねえ。厨房に行って「所長の料理を作る」って言えば、多少は食材を分けてくれたけど、それでも不自由だったね。ほかに野菜もあまりなかったから、造兵廠で作られていた、風船に爆弾をつけてアメリカへ飛ばす「風船爆弾」っていうのに糊として使われていたコンニャクの粉を造兵廠へもらいに行って、それを家で煮て石灰を入れて、かためて茹でてこんにゃくを作っていたこともあったよ。こうやってさまざまに調理方法を工夫して料理するとね、所長とその奥さんがすごく喜んでくれたの。

❖祖母の実家

おばあちゃんのね、実家は農家だったもんで、全然、食生活は変わってないの。戦後の食糧難の影響もなかったかな。おばあちゃんは、食べることで悲しい思いをしたりしたことはないね。野菜も米も、家で作っていたし、味噌やら醤油も手に入っとっただねえ。お味噌も家で作っていたし、お醤油も大きな樽で作っていた。梅の木もあるし、柿の木もあるし。自給自足の生活だった。戦中も、それこそ町の人はみんな食べるのに困ったって言うけど、おばあちゃんの家はそういうことは全然なかった。そんなことに苦労したことないもん。

あとね、松茸もあの時分、いっぱい採れたの！　今みたいにめずらしい食材じゃなくて、山に行けば、いーっぱいあるもんで。山菜も採ったし。ワラビとかね。ほれから川には魚がおったから、それを釣ったり、籠を仕掛けておいて魚を捕まえたりしてた。あと家の前の池には、コイとかフナがいて、それも食べていたよ。ニワトリも飼っていたから、普段は卵を食べて、特別な日、お正月とかお盆とかには、ニワトリを絞めてすき焼きにしてたよ。今、お肉屋さんでやるようなことを昔は家でやっていたねえ。おばあちゃんは怖いから絞めたことないけどね。だもんで、そんなにねえ、戦時中も戦後もおばあちゃんは食生活には苦労しとらんわ。たまに都会の人がお金じゃなくて着物とか、物を持ってきて、お米と換えてくれって言ってきたの。それを見て、田舎で生まれて良かったなあと思ったね。ひもじい思いをしなくて良かったなあって。

ほいでね、嫁いでからは魚屋さんがね、たくさん魚を売りに来たの。お菓子屋さんをやっとったお義母さんがお魚を買ってくれて、ようお魚を食べたの。毎日のようにお魚だった。お肉なんてあんまり食べなんだ。

お魚はね、おばあちゃんは、イトヨリダイが好きで、それがしょっちゅうだった。身が白くておいしいよ。エビとイカは年中売られていて、春はアサリ、サワラ、アジ、イワシで、夏はサケとかアナゴ、土用シジミ。秋はサンマ、サバ、カレイで、冬もサバ、アジとか、ほかにはマグロ、カズノコ、ブリ、寒シジミが売られていたね。売り屋さんはね、一週間に三回くらい形原《かたはら》の一色の浜から来ていたの。自転車の後ろとか、おばあさんが乳母車に魚を積んでね、「さかなー、さかなー」って言って売りに来ていたの。昔はね、しょっちゅうそれで買っていたね。そのときお魚は、一匹一〇円とか二〇円だったねえ。昭和二十三（一九四八）年頃、おじいちゃんの月給が一万円なかったからね。でもそうやって魚を食べて、野菜は近所で買ってきていたし、よく食べていたね。だからこうやって病気もせんで、健康に過ごせているんじゃないかなと思っとるよ。

ほいで、お肉を食べだしたのは、いつごろだろうね。一九五〇年ぐらいに娘たちが生まれる頃になると、だんだんお肉もあるようになって、買ってたかな。近所にスーパーができて、そこで肉が売っていたもんで、食べだしたかな。スーパーができて、毎日朝売りに来ていた魚屋さんみたいな人たちも、おじいさんおばあさんになって、歳とったから引退して来なくなって。ほいでスーパーに行くようになったの。スーパーができたのは本当に便利だと思ったねえ。なんでもいろんなものが買えるから。スーパーのおかげで楽になったね。昔は、お肉は本当に遠くのお店に行かないと買えなかったから、お魚ばっかりだったねえ。ほいだけど、スーパーにはお肉屋さんも八百屋さんも入っていたから、とっても便利だった。あとお米は嫁いでからも、お父さんが持って来てくれたりおじさんが豆をくれたりして、そう不自由しとらなんだ。食べることが一番大事だと思って、ほれこそ、入ってきたお金は一番に食べる方に使った。

❖高度経済成長期の食

高度経済成長ねえ。おじいちゃんはさ、公務員だったじゃん？　だから全然、好景気の影響がなかったのよ。入ってくる月給には変わりがないから、その範囲で子ども三人育てていくだけ。スーパーに並ぶ品物とか価格は変わったかもしれないけど、そんなん意識なかったねえ。買ってくるものはいつもと同じ肉や魚だけだからね、あと野菜。だから家には全然、影響はなかったね。

バナナはねえ、記憶にないだ。買ったことないもん。店にはあったとは思うけど、食べようとは思わなくて。でもメロンは、昔は高かったね。「病人にならないと食べられん」って言われていた。あとリンゴも今は安くなったね。昔は今みたいに気軽に買えるものじゃなかったね。リンゴは、岡崎市が長野県の臼田っていうところと姉妹都市になったときから、毎年十一月三日に農業祭が開かれて、長野から大きなトラックにリンゴが積まれてくるの。ほいで、それが安いの。だいたい一個百円くらいで、おいしいの。十時くらいから売り始めるのに、八時半くらいに行って先頭に並んだりしたよ。ビワは反対に今高いね、昔はよくあったのに。モモはね、近所で穫ってたからよくもらってた。

昭和三十四（一九五九）、五年、うーんと、四〇（一九六五）年くらいだったかなぁ？　二七市《ふないち》ができたのは。市がたつようになってね、そこで野菜でも果物でも何でも時のものがね、売られて、そこで買っていたね。今でもあるよ。野菜の産地とかもね、昔は全然意識してなかった。昔は、土地でできたものを土地で食べとった。「地産地消」が当たり前だったからね。最近になってからかな、輸入物が増えて気にしはじめたのは。昔はそんな、ハイカラなものはなかったし、売られている物はみんな新鮮だった。あと何が変わったかなぁ。あんまりね、おばあちゃんの家は変わりばえせん。そんなに差はないし、子どもが大きくなっても変わらなかったね。

❖クジラ肉

クジラのお肉はね、おじいちゃんと娘の弁当にも入れてよく食べていたよ。昔はクジラのお肉がよくあったの。クジラのお肉をショウガとお醤油に漬けておいて、竜田揚げにしたり、佃煮にしたりして、お弁当に入れていた。竜田揚げは夕食の主菜にもなったしね。スーパーとかの魚屋さんで普通に売っていたねえ。給食でもようでたね！

昭和三〇（一九五五）年くらいかな。その前は、あったかもしれないけどスーパーがなくて、魚屋さんが家に来てくれていたからクジラは食べたことなかったねえ。スーパーができてからクジラも、ほかのお肉もソーセージとかも買えるようになったんだよ。だからその後はよく食べたね。安くてね、おいしかったもん。クジラのベーコンもあったね！　野菜と炒めたりして。どこのクジラだったかは、わからんねえ。和歌山じゃないかなあ？　それで、昭和三十五（一九六〇）年まではよく食べていたけど、その後はたまに食べるくらいで、捕鯨も問題になっちゃったし、今ではないものだと思っているわ。そうやってだんだんクジラのお肉もなくなっていっちゃったけど、そんなに残念ではなかったかな。安くて良かったけど、豚肉があるで、そんなに恋しいとは思わんね。お肉にかわりないからね。

❖洋食

おばあちゃんはね、基本的に和食を作るの。だけど、昭和三十一（一九五六）年に岡崎友の会に入って、そこから出版されている『婦人の友』っていう雑誌を教科書に料理していってからは、だんだん洋食も作るようになっていったね。そこで紹介されているのを見て、初めて作り始めたの。グラタンとかクリームスープとか、パンもそうね。洋食作りで難しかったのは、ホワイトソースかな。でも、覚えてしまえば気楽にできるね。あと、ゼリーとかプリンみたいなデザートも作った。

おじいちゃんも、グラタンとかカニクリームコロッケとかコーンスープを喜んで食べてくれたよ。でもやっぱりおもに作るのは和食で、誕生日とか、なにかあるときに洋食を作っていたね。洋食は珍しかったから、特別なものだったね。

あとね、おばあちゃんがどこかに出かけているときは、おじいちゃんが娘たちをレストランへ連れて行っていたね。それは昭和四〇年代かな。それで洋食を食べていた。値段は覚えていないけど、ハンバーグとかステーキを食べたね。「これからは、ナイフとフォークも覚えなきゃいけない」って言ってね。ほかには、名古屋に行ってイチゴパフェとかデザートも。あと、ラーメンも昔は食べたことがなかったし、餃子も珍しかったね。今はよく作るけどね。

❖岡崎友の会への入会

岡崎友の会に入った理由は、近所のお医者さんの家の前に、岡崎友の会のクリスマスセールのお知らせがあって、例会を訪ねたんだよね。衣のことも、生活の仕方についても、料理のことについても、ちゃんとしっかり学べるから良いなって思ったからなの。それから雑誌も自分でとるようになったよ。

当時の値段は、一二〇円くらいだったと思う、さだかじゃないけどね。

『婦人の友』の雑誌は若い時から知っとったけど、友達に見せてもらう程度だった。雑誌の内容は、昔も今もあんまり変わらんね。ほいで、おばあちゃんが作る物もやっぱりね、変わらない。あんまりハイカラなものはねえ。この間テレビでやっとっておいしそうだなあと思って作ってみた料理があったけど、やっぱりちっともおいしくなかった。年寄りだから、昔からやっとる料理を作ることが一番良いと思うね。食べ慣れたものが良いね。

岡崎友の会ではね、毎月魚類とか肉類、卵、牛乳とかにどれだけお金を使ったか書いて、それを東京に送るの。そしたら全国の統計をとって、その結果が送られてくるのね。それをまた参考にして、バランスの良い食事を作るの。これをおばあちゃんは二〇年つづけているけど、すごい人は六〇年もつづけているんだって。たいしたもんだよ。

❖心がけていたこと

食事は、だいたい主菜と副菜と、常備菜とおつゆくらいは毎日作って、食卓に出す品数はどの時代も変えないようにしたね。おじいちゃんが、結婚したときに「サバでも一本買ったら、それを三食くらいに料理しろ」って言って。煮るなら煮るだけじゃなくて、酢の物にしたり、焼き物にしたり。そういうことを結婚しはじめに言われたもんで。

おじいちゃんは食べることが好きだったもんで、一生懸命料理して、だんだん上手くなっていったよ。ほいで今でも気をつけているし、昔の料理も作っているし、味噌も自分で作っている。

ラッキョウも梅も、ずーっと昔から漬けとる。ラッキョウも梅も昔から、子どもはあんまり好きになってくれないけど、常備食として必ず漬けていたの。梅シロップも作って、おなかが痛いときなん

買い物客でにぎわう京都市の錦市場（2010 年 12 月 30 日、赤嶺撮影）

かに食べさせていたよ。梅酒とは違って、梅と砂糖だけで漬けて作るの。昔も今も五キロくらい漬けているのね。梅干しもね。お弁当に梅干しを入れると防腐剤にもなるし。売っているものは色粉がついとるで、あんまり良くないから、おばあちゃんはなんでも自然のものから自分で作るようにしているよ。それは、実家におるときから親もそうしていたからね。梅のなりが悪い時は値段も高くなったりするけど、必要な分はちゃんと毎年漬けとるよ。

あと、あるからたくさん食べる、じゃなくて必要量だけ食べて、必要以上にたくさん作ったりはしない。景気が良くなったからといって、特別に贅沢をすることもなかったね。よく作っていた料理は、煮魚とかホウレンソウのおひたし、煮物とか、今作っているものとほとんど同じ。景気でいろいろまわりが変わったとしても、健康のために食卓は変えないように努力をしていたね。やっぱり食生活が一番大事だと思って気をつけていたし、それで誰も病気もしないで健康に育ってくれたよ。

❖電化製品について

冷蔵庫は、おばあちゃんの実家には嫁ぐ前からあったよ。木の扉のねえ、小さい冷蔵庫が。嫁いだあとは、昭和三〇（一九五五）年くらいに買ったわね、「冷蔵庫欲しい！」と思って。お弁当を作るといろいろ材料がいるから、作りおきや常備食を入れておきたかったし、暑いときに冷たいものを食べたり飲んだりできるからね。冷凍庫ができたのは良かったわね。保存が効くようになったし、買い物もまとめ買いができるようになったね。いろいろ便利な電化製品のおかげでね、時間に余裕ができて、洋服作りとか、本を読める時間が増えたね。

洗濯機は、新しい家にしたときに買ったね。昭和三十七（一九六二）年だね。あと、昭和四十二（一九六七）年くらいにクーラーも入ってきて、快適になったねえ。お風呂も、昭和五十二（一九七七）年にガス風呂に変わったよ。それまでは薪をつかっていたね。水洗トイレになったのは昭和三十九（一九六四）年くらいかなあ。

あとテレビはね、オリンピックのときだね！　カラーテレビで、昭和三十九年に家にきたよ。値段とかブランドは覚えていないなあ。その前は、近所の料理屋さんがテレビを持っていたから見せてもらっていたね。そのテレビは白黒だった。みんな見せてもらいに行っとった。カラーテレビが入ってきた時は、嬉しかったねえ。何でも見ることができるし、色がついとるし、びっくりしちゃった。

【聞き手　山田果歩】

《聞き手のつぶやき》

祖母は、いつも私に「自分が健康で長生きしていられるのは、良い食生活を心がけているから」と話してくれる。祖母は、両親と弟の四人家族で、祖母は長女として育った。家は養蚕と農業を営んでいて、人も雇っていたという。二十二歳のときに、公務員だった祖父と結婚し、三人の娘をもうけた。そして、三十一歳のときに「岡崎友の会」へ入会して衣・食・住・家計のことを勉強し始めたという。祖母は外へ働きにいったことはなく、結婚した祖父からは「お金を貯めることは下手だけれど、料理を一生懸命やってくれて、子どもを健康に育ててくれたので、それが一番良かった」と言われたと嬉しそうに話していた。

今回初めて聞き書きをしてみて、自分が聞いてみようと思っていなかったところからもどんどんいろいろな話が出てきて、とても面白かった。質問したいことをあらかじめ考えておいても、実際に話を聞くとひとつの質問に対していくつもの話を聞くことができたという点が、聞き書きならではだと思った。インタビューをした相手が自分の祖母であったため、自然な会話になり、多くの話を聞き出せたのではないかとも思う。

祖母は本当においしい料理をたくさん作ってくれる。そして、健康に一番大切なのは食生活だと話してくれ、祖母自身も八十七歳になるとは思えない程元気でしっかりとしている。今まで、祖母の実家の状況や祖母の今までの生活について話を聞いたことがなかったため、歴史で習うように「戦後の日本は食料難で……」といったら、祖母もその通り厳しい思いをしたのだと思っていた。しかし実際は町と田舎では状況がまったくことなり、さらにはその人が育った家庭でもだいぶ違うのだということが分かった。和食で、魚が中心であった食卓に洋食が広がり、食材も地元のものは少なくなり……と、高度経済成長以降、外国から様々なものが輸入された、と簡単に言うことはできても、その背景に各家庭で異なる歴史があるということに興味がわいた。祖母だけでなく、両親にもいろいろ話を聞いてみたいと思った。

そんな昔のことやあらへんよ

宮川《みやがわ》茂子《しげこ》さん

昭和十二（一九三七）年に岐阜県で生まれる。昭和三十二（一九五七）年に結婚し、嫁ぎ先の旅館で働く。昭和六〇（一九八五）年に旅館を閉め、現在も同じ揖斐川町に住む。

❖子ども時代のおやつ

おやつなんてね、今みたいにないやんね。たとえば、チョコレートとかスナック菓子とか、そんな贅沢なもんは、おばあちゃん達が子どものころは無かったよ。だから、家の近くにあった栗の木のとこまで行って、秋になるとよく栗を拾いに行ったよ。栗以外にもクルミとかそんな木の実も拾ったかなぁ。

おばあちゃんは家で作ったあられがものすんごく好きやったよ。餅を作るときにあられも一緒に作ってさ、赤とか青の食紅入れて。あれはきれいなもんやった。フライパンで炒って、プクーっと膨れたら食べたの。おいしかったね。餅を作るときは、あられも食べれるから、幼いながらに嬉しかったことを今でもよう覚えとるもん。

❖結婚と旅館経営　調理師として働いて

おじいちゃんと結婚したのが昭和三十二（一九五七）年。おじいちゃんのおうちは明治の終わりごろから続く『やなぎや』っていう旅館やったの。旅館って言ってもそんな大きいもんじゃないけどね。民宿っていった方が正しいくらいかな。昔は山間部の方の行商人、それから薬屋さんとかを泊めとったんやよ。前は今みたいに交通の便が良くなかったもんで、こういうとこで泊まってかんと遠出とかはなかなか出来んかったんやて。

旅館でお客さんに料理を作って出しとったんやけどね、その為にちゃんと調理師の免許も取ったんやよ。昭和三十五（一九五九）年に調理師免許をとったんやけどね、五〇年ばかりも前の話になるんかな。証書もちゃんともらったよ。ちょうどそんくらいから規制が厳しくなってね。当たり前のことなんやけど、料理をお客さんに出すには免許が必要になってきたの。

今の調理師の試験にくらべたら、どうやろうねぇ。昔の方が簡単やったと思うよ。筆記試験もあったかなぁ。もちろん実技もあったけど、試験問題なんて忘れてまったわね。ただ、公民館みたいなところに先生が来てちょっとした授業みたいなのをやったのは覚えとるよ。教えてもらったのはものすんごく基礎的な野菜の切り方とかやったで、「こんなのはわかるわねぇ」って友達としゃべっとった気がするよ。調理師の免許を取るのにそんなに苦労したっていう思い出はあんまりないように思うわ。

免許を持っとるからって自動的に料理のレパートリーがふえるわけじゃないやろ？　だから、おばあちゃんは自分でいろいろと研究したんやよ。免許取るよりも、料理のレパートリーを増やす方が苦労したわね。研究って言うほどでもないんやけど、本を読んだりお母さんに聞いたりしてね。今はほら、インターネットのなんかあるでしょ？　献立を探せる機械がさ。おばあちゃんのときはそんな便利なもんなかったでね。自分で考えるか、親か近所のお友達に聞くしかなかったんやよ。『ファミリークッキング　和風おかず』っていう本をよく読んだね。肉じゃがとかそういった家庭料理について書いてある本やけど、一つ一つ読んでレパートリーを増やしたわ。あと、お隣さんから教えてもらった春雨と納豆のサラダがおいしくって印象的やったよ。納豆だけやと味気ないし飽きがくるけど、春雨いれると家族のみんなからの評判もよくって嬉しくてね。それで覚えとるの。親に聞いても、同じ家庭の味やったら、やっぱり種類に限界があるもんで、近所の人に聞いてみると、いろんな家庭の味って言うもんを発見できてなかなか楽しかったよ。

❖やなぎや旅館の夕食

昔のお客さんに出しとったご飯って言っても、そう昔のことやあらへんで、今とそんな変わらへんでね。うちはちっさな旅館やで、観光客をもてなす宴会用の食事というよりも、家庭の味をお客さんに出しとったよ。先代がやってた昭和の初めの頃は、山から町へ行く人の足休めの場っていうだけで、料理はあんまり出してなかったの。

おばあちゃん達の頃は料理も出すようにしたけど、味付けは家庭的な感じを出せるように考えたわ。料理は、今みたいに肉ばっかりで濃い味付けとかじゃなかったね。和食中心でバランスよく、彩とかも考えてつくっとったよ。今から考えると煮物が多かったかな。

そうそう、これが昔お客さんに出しとった料理やよ（写真一）。完全にこれと一致するわけでもないんやけど、こんな感じやったよ。やっぱりお客さんに出す料理だから、一般の家庭とくらべるとち

写真１：やなぎや旅館の夕食―昭和40年代～50年代頃の様子
（2012年5月23日、鬼頭撮影）

っとは豪華やったんやないかな。うちで作った野菜を使ってね、たとえば右上にあるから揚げの横のキャベツの千切りとか、真んなかのゴボウと牛肉の煮物の彩として入れたるエンドウとか、その右にある煮物のニンジンとか。赤い汁物の器の左側にあるインゲン豆ね、それも昔からうちでつくっとるやつなんやよ。味噌で味付けしてね。それにそのインゲンの左側にある漬物。畑から大根とってきてうちで漬けて食べたんやお。左の緑いのが大根の葉っぱでね、使えるものは残したり、捨てたりしんで、全部使ってまおうって考えが強かったわ。まぁ、もちろん今でもそういう考えで料理はしとるけどね。

旅館やっとったころは、一泊五千円くらいの料金にしとったかな。昔のお金の値段やで、今やとどうやろね。七千五百円くらいになるんかな。朝と夜のご飯がついてこの値段やったけど、今は物価が上がったでねぇ。食材の調達は、あるやつは家の畑から取ってきたけど、マグロの刺身とか買わないかんやつは魚屋さんに買いに行ったし、八百屋さんにももちろんいったね。魚介類は魚屋さんに行けばあったけど、季節によって旬なものを選んだよ。だから、マグロだけってわけじゃなくてカジキとかも時期によってはあったね。魚も野菜も旬の食材を選べばその分おいしく食べることが出来るからね。食材選びには気を遣ったよ。

今は大きなスーパーがあるからそこに行けばなんでもそろうけど、昔はそんなことなかったよ。やで、自転車こいで商店街に行って、食材とかを買い出しに行ったかな。帰り道は上り坂が多くってさ、重い荷物をかごやら荷台やらに積んで自転車こぐのがえらかったわ。今では車があるからね。ブーってスーパーまで行ってそれではい、おしまいって言って楽な世のなかになったもんやけどね。

❖鯨肉とバナナ

昔は鯨の肉が安かったたって言うけど、魚屋さんで買ってきてわざわざ食べるってことはなかったね。お客さんに出す時も、それ（写真一）みたいにマグロやったよ。鯨肉って言ったら、尚子（聞き手の母）の学校給食で出とったんやないかな。[1]

鯨肉ね。お母さんが小学生の頃は給食で出たよ。鯨肉の竜田揚げとか。でも、なんか赤くてギトギトの油があったから、お母さんはあんまり好きやなかったわ。おばあちゃんも言っとるけど、家で食べることはまったくなかったね。今は魚屋さんとかスーパーにいっても、あんまり鯨は見かけんけど、お母さんが小学生くらいの頃は魚屋さんに置いてあったよ。はっきりとしたことはおぼえとらへんのやけど。それに、バナナは、ちっちゃいころは贅沢ものやって思っとったよ。風邪ひいたときにおばあちゃんが買ってきてくれたけど、普通のときには絶対に買ってくれんか

▼1 以下は、聞き書きをともに聞いていた聞き手の母の語り。

ったもん。風邪をひいたときはバナナとリンゴをすったやつ。これがうちのきまりやったよね。そうやね。バナナは昔は高かった気がするもん。今は安うなったで、毎日でも食べれるけどね。それこそ毎朝おばあちゃんとおじいちゃんはバナナ食べとるよ。

❖嬉しかった洗濯機

三種の神器の中でも、おばあちゃんが一番嬉しかったのは洗濯機だったね。洗濯機がまだ無いころは、うちの前にある川のとこまで洗濯板とタライを持っていって、ゴシゴシやって洗濯しとったわ。桃太郎の世界やないんやけど、今の子ども達が聞いたらびっくりするやろうね。冬は寒いし、手が真っ赤になってあかぎれになるし、なんもいいことなかったけど、洗濯機が来てからはそれはまあ楽になったよ。

うちはね、旅館をやっとるってこともあって、洗濯機やら冷蔵庫、テレビやあとは掃除機とかは発売してから二、三年後には買っとったよ。尚子が小学生の頃には全部そろっとったで、年代的に言うと昭和四〇（一九六五）年頃になるのかな。ガスで使う炊飯器は昔っから今でもあるね（写真二）。パロマの炊飯器。今では売ってないと思うよ。昔からのものを大事に使うのが大切やって、おばあちゃんは思っとるでね。

写真２：初期のパロマ炊飯器（鬼頭撮影）

写真３：ナショナル製電子レンジ（1971 年発売。鬼頭撮影）

ほかの電化製品では、電子レンジかな。昭和五十一（一九七一）年に売り出された初代の電子レンジをまだ使っとるよ（写真三）。初めて電子レンジを使ったときは、まぁたまげたわ。器に卵を割ってさ、卵焼きみたいにしようと思っておじいちゃんと二人で電子レンジに近づいて見とったんやて。そしたらポーンっていって卵がはぜてさ、あれは本当にたまげた。黄味のところに空気穴開けるの忘れとったんやけど、そのころはよくわからんまま使っとってね。これはえらいもんを買ってまったかしゃんって、おじいちゃんに慌ててきいたわ。今では笑い話なんやけどもね。

あとはね、冷蔵庫。冷蔵庫が来る前までは、食べ物は全部外に置いとったもんでさ、冷蔵庫が来たときは魔法の箱が来たって思ったわ。それでさ、笑ってまうかもしれんのやけど、おばあちゃんは冷蔵庫に入れとけば、絶対に腐らへんくて大丈夫やって思ってまうんやて。昔はすぐに暑さでダメになったもんも冷蔵庫があれば長持ちするやろ？　腐るもんは腐るんやけど、なんか大丈夫やろって思えてまうんやおね。本当に魔法の箱じゃないんやでねぇ。

　昔のものってのは今のとくらべると、そりゃあ出来ることが少なかったり、時間がかかったりするかもしれんけども、昔のものにしか出せない味というか、なんやろうね。そんな独特なものがあるとおばあちゃんは思うんやて。だからこそ、こうした古い電化製品が捨てられえへんの。うちだけで博物館行きの古い電化製品がいっぱい見つかると思うわ。

❖そんなにかわっとらへんよ

「昔はどうやったの」って聞かれても、本当のこと言うと、おばあちゃんにもわからんのやよ。おばあちゃんにとっての昔ってその時代を生きてきた人間にとっては昔っていう考え方がなんかこうあまり感じられないところがあるからね。うちの食卓はね、昭和三〇年代から今までそんなに変わっとらへんよ。そりゃぁ、肉をいっぱい食べるようにはなったかもしれんけど、お野菜も自分とこでとれたものを大事に食べるっていう生活を続けとるでね。まわりを見ると世界は変わるし日本も変わるし、住んどる家の周りも変わるし。みんな変わってくなって思うこともあるけども、家庭の味は守ってかないかんと思うんやて。昔と比較して今も変わらんねっていうのは、時代遅れやなくていい味出しとるねってなる場合もあると思うの。だからおばあちゃんは昔から変わらない、とくにおうちでのご飯、家庭の味を守りたいって思うんよ。

【聞き手　鬼頭沙妃】

《聞き手のつぶやき》

　祖母にインタビューを行い、自分が幼いころから何気なく見ていた炊飯器や電子レンジといった暮らしの品が昭和の、さらに初期に発売された電気製品であるということを知った。祖父と祖母は四〇年近く日々の生活の中でこれらを守ってきたのかと感じ衝撃を受けた。また、孫である私の代になっても実際の品を見ながら購入当時の話が聞くことができ、よりリアルに学ぶことが出来たことを感謝したいとも思った。祖母の話の中で『やなぎや』旅館の一泊の値段が当時五千円で、今にすると七千五百円くらいだろうというものがあった。祖母の家の近所にある商店のたい焼きが当時一個八〇円であったが、今は百二〇円だ。この話から、物価が一・五倍上昇したことも知ることが出来た。

身近な人物であるからこそインタビューを行うのに気恥ずかしさを感じる部分もあるこの聞き書きの過程の中で、昭和の暮らしや『やなぎや』旅館の夕食、祖母の持つ食に対する考えなど、自分の知らない世界を知ることが出来た。今回のインタビューでは、見聞を広め知識を増やすことが出来たと感じたが、中でも心に残りこれからの私の人生への大きな教訓となるであろう祖母の言葉をここにもう一度記しておく。

周りを見ると世界は変わるし日本も変わるし、住んどる家の周りも変わるし。みんな変わってくなって思うこともあるけども、家庭の味は守ってかないかんと思うんやて。

たとえ時代が流れようと祖母が母へ伝え、そして私にも伝えてくれた家庭の味というものをしっかり受け継ぎ大事にしていこうという考えが私の中に生まれ、さらにこれからもこの言葉を忘れずに大事にしていこうと心に誓った。

そんな昔のことやあらへんよと言いながら、昔のことを真剣に思い出し、人生についての話を細かく語ってくれた祖母に感謝したい。

阪田喜代子《さかたきよこ》さん

当たり前だと思って暮らした日々

昭和十二（一九三七）年、大阪府大阪市に生まれる。一九四五年に疎開のため岐阜県岐阜市でくらす。一九五四年に愛知県名古屋市に引っ越す。現在は、三重県四日市市に在住。

❖おいたち

大阪で昭和十二（一九三七）年に生まれたやろ。で、わたしは小学一年生、八歳で大阪から岐阜県の方に家族八人で疎開したでしょ。なんでね、八歳かというとね、昔はよび年、数え年で計算してたから。それはね、今は満を使って六歳って数えるだろ。でも昔は数えだから八歳って数えて、だからな、その歳で入学したのさ。そんで疎開は親入れて、兄弟六人入れてね。わたしは六人兄弟の四番目だったよ。それから中学を卒業するまではずっと岐阜にいて、その後は名古屋に引っ越して、しばらくそこで生活したわけさ。

❖疎開先での食卓

小学校より前のことは、何食べたのかは全然覚えていない。でも岐阜県の田舎で小学校から中学校までいた時は、戦争が終わったばかりで食べるものがないから、スルメとかジャガイモとかをふかしたものをね、よく食べたでしょ。あとは麦ご飯とかね。

中学くらいからね、だんだんと世の中が落ち着いて、天ぷらとか牛肉とかね、食べた覚えがある。その頃は、豚肉はなかった気がする。魚はね、サンマとかね。ほかにはお父さんが海でキスとか釣ってきとったからね、それを天ぷらにして食べさせてもらった。そうだね、天ぷらはキスしか覚えてない。

すき焼きはしっかり覚えとる、しょっちゅう食べた。それもなぜか牛肉を食べとった記憶がしっかり残っとるよ。だから、ほかの肉ですき焼きをしたっていう覚えはない。でもね、なぜね、わたしの年でね、中学でね、貧乏なのに食べ物を贅沢してたかというとね、お父さんが大阪だから、大阪出身の人だから。今でも食い道楽ってあるでしょ、一言で贅沢。お父さんがそうだったからね、食べ物だけはね、貧乏でも、いろいろ食べさせてもらった覚えがある。

疎開してた時は、さすがに胡椒はなかったけど、塩とか最低限のものは使えたよ。でもいつの間にか、調味料は塩も胡椒もなにもかもあったで。ま、今みたいな香味ソースとかな、凝ったものはなかったけど。当たり前の醤油、砂糖とかはちゃんとあったよ。

疎開中はな、ソラマメをからからと乾かして、しょっちゅうおやつに食べてた気がする。あとな、缶詰をたまに口にしとった覚えがある。マグロ。マグロのフレークを食べとったよ。フレークはご飯がない時、おかずがない時に使うとか、冬に鍋物をする時に買ったな、大根と煮てな。まあ早く言えば、おかずがない時に利用したかなって感じ。

フルーツのほうは、パイナップルとか蜜豆の缶詰のことくらいしか記憶に残ってないな。なんたってな、フルーツは田舎にいるときは、それほど困ってなかったから。家のまわりにはブドウ畑があったから、それでよかったんよ。それにな、疎開先はありがたいことに、柿やらミカンやら田んぼを作っとったで、それらを買う必要はなかったしな。あと道に売りにきとったやつをな、ちょっとずつ買ってもらって、よく食べとった。

うん、だからな、缶詰はなあ、めったに食べんかったなあ。今じゃあいっぱい使わしてもらってるけどな。でもな、それらの値段とか缶詰の大きさは今とそんなに変わってない気がするよ。あえていうなら、缶の開け方が缶切を使わない限り開けられないことかなあ。今は缶詰開けるとき、何にも道具使わずに手だけでもできるんやろ。若い人って缶切の使い方も知らないっていうじゃない。

❖クジラの肉との出会い

そうそう、クジラの肉ってあんまり食べた覚えがないよ。でもね、クジラの白い所だけ食べとった気がする。ふちがきれいでピンクい縁取りみたいなのになっとってな、家ではそれを食べたと思う。プリプリしとったなあ。なかには臭いっていう人もおったけど、わたしは匂いも味も、なにも感じなかったよ。

それでもその時は、おいしいと思って口にしとったんじゃない。給食はそんな贅沢なものでないからな、その白いところは学校では出てこんかった。でも、赤い色したところは、カレーライスのなかとかに入っとったかもしれんなあ。やっぱり、赤いところは白いところにくらべて安いって誰かいっとった気がするんだ。でな、たしか学校ではほかに火薬ごはんとか味噌汁を食べた覚えがある。でもどんなおかずだったか覚えとらんなあ。

❖小学生の楽しみ

「食」って字は、「人」って書いて「良」って書くように、人を良く、幸せにしてくれるんだよ。今は、皆がダイエットにとらわれてるやんか、でもわたしが小学生の時は、大切な「食べる幸せ」っていうものを皆が理解しとったのかもしれんなあ。だから、たまにアイスキャンディーの販売があったとき、それが楽しみで仕方なかった。自転車でチリン、チリンって鳴らして旗をつけて売りに来たよ。色は青やら黄色やら赤やらあったけど、味は覚えておらんなあ。あとラムネも売りに来た。今はビンはプラスチックだけど、当時はビンばっかだったよ。コーラなんてものはなかったよ。今じゃあ、たしか石焼きイモが近所を回っとるよな。

❖三銭のおもさ

当時わたしには唯一、楽しみにしとったことがあるの。それは紙芝居だったよ。親戚のお姉さんの家に行くと、たいていそれを見ることができたでしょ。でも見るには、練り飴を買わんといかんかった。一個三銭ぐらいだったかな、とくに貧乏でないかぎり、三銭はひどく高いものではなかったよ。買えば割り箸くれて、コネコネと練ってね。でも中にはやっぱりな、買えない子もおって、そんな子は「出てけ」って、皆から邪魔者扱いされとった。だから、追い出された子のなかには木に登ってこっちを見とった子もおるよ、辛かったな。たったの三銭なのに、ただそれだけでな……

❖年中行事って何

お小遣いっていうものは、昔はまったくなかった。ただお正月の時だけに、それがあったかな。たしか、わたしが小学生の後半から中学生くらいまで、喧嘩にならないよう六人兄弟全員に平等に百円札をもらった覚えがある。その時代の百円は、今みたいなコインじゃなくてお札だったからな、ものすごい大金にみえた。

でな、元日には外の庭ではねつきをやったりな、家のなかではお手玉とかカルタ取り、トランプをやったよ。ゲームみたいな機械はなかったから、それらの遊びをやったんだよ。あの頃はどの家も大家族だったから、家族のみで過ごしたなあ。朝はお雑煮作ったりしたけど、昼と夜のご飯はすき焼きとか、いつも通りのものだったよ。

そうそう、わたしはクリスマスっていうもの知らなかったよ。誕生日さえも知らなかったから。だって知らないうちにその日が通り過ぎてたんだから。当時はな、クリスマスには街にデコレーションをしたりな、ケーキを食べたりな、派手なことはなにひとつとしてなかったよ。

ただわたしが二〇歳を迎えた年にな、その時も手袋編んで働いとったんだけど、働き先の人がな、鉛筆とノートを突然わたしにくれたんだよ。なんのことだか不思議で、不思議で……どうやら市から届いたものらしんだ。それであとから成人式だっていうことを聞いたんだ。

❖名古屋で具のない食事

わたしは中学卒業してから、すぐに働いて、手袋編んどった。お母さんに連れられて、十七歳くらいから名古屋に来たんだよ。それからはな、帽子屋さんの家で一人住み込みで生活してた。わたしは一生懸命、朝の八時前から夜の七時くらいまで働いとった。月に一万二千円稼いどった、今じゃ考えられんけどな。十何分の一だよ。

名古屋に来てからは、あんまりいいもの食べさせてもらえなかった。働きだしたのに、毎日、毎日、沢庵ばっかりだったよ。名古屋は沢庵の思い出しかないくらいだよ。疎開中に食べてた魚とかも食べてた覚えがない。たしかに沢庵だけじゃなく、ご飯とみそ汁とうどん、煮込みうどんもあったけどな。とにかくおかずはあんまり頭にないの、味噌汁に具なんて入っていなかったよ。

でもわたしが一九六五年に結婚してから、この頃の食料は今と同じくらいなんでもあったんじゃないかな。ま、でも思えば、お金がないからいろいろ買えないだけで、寒天とかも昔からいろいろなんでもあったのかもわからんなあ。ま、沢庵じゃなくて、自分の好きなもの買ってきて食べられるじゃない。嬉しかったの覚えとる……まあ、高いのか安いのかは覚えとらんけどな。その頃はこれが当たり前の生活だと思っとったからな。

❖感動したラーメンの味

今じゃインスタントラーメンをよく食べるようになってきたけど、昔初めてそれを食べた時の感動が今でも忘れられんのよ。一九五八年ごろだったかな。お姉さんがな、家に遊びに行った時、ヤンマーラーメン[▼1]を作ってくれたんよ。あまりにもおいしくて、世の中にこんなにもおいしいものがあるなんて知らなかったよ。今な、皆はチキンラーメンばっかり言っとるけど、なんでな、皆ヤンマーラーメン食べてないんかなあって不思議。

あとな、その当時にね、名古屋の栄町にね、寿がきやラーメンの第一号店ができてね[▼2]、そこへ食べにお姉さんに連れてもらった覚えがある。ヤンマーラーメンは醤油味で、「これがラーメンの味なの

▼1　ヤンマーラーメン
兵庫県たつの市に本社を置くイトメン株式会社が一九五十年代に販売した「トンボラーメン（たつの市が童謡『赤とんぼ』の作者として知られる三木露風の誕生の地であることで名付けられたもの）」と同じ製品で、ヤンマーと名付けて販売されたことがあった。
▼2　寿がきやラーメンの第一号店
愛知県名古屋市栄に昭和二十一（一九四六）年に開店した。

か」っていう印象だったけど、寿がきやラーメンは、スープの色が白くて、なんともいえない、甘くてほのかな味だったよ。それからラーメンはお姉さんの家に行くと、いつも食べさせてもらえるようになったよ。

❖満腹になる努力

よくわたしは、小麦粉使ってふかしパンっていうの食べたな。今はね、パンにもいろいろ名前があるじゃない。昔は今のようなパンすらなかったからな。だからあの頃はね、メリケン粉からねってね、[3]それも昔はな、色はきちんと精製されて作った白い粉じゃなくて、薄グレーの色しとったよ。それでも水でふかしたらね、ちゃんと膨らむんだよ。でもそんな上等のものじゃなかったけどね、それをおやつに食べたよ。お腹を満たすためにね。お砂糖がはいっとるかはいっとらんかわからんけど、それが菓子パンというお菓子だったの。で真んなかに十文字入れとくと、そこがプカプカはじけてね、それを喜んで食べとったに。ちょうどメロンパンみたいに丸くて、でも、ひとまわり小さくて高くしてね。

それからね、小麦粉とサツマイモを合わせて、鬼まんじゅうも食べさせてもらった気がするよ。これらはよくお姉さんが作ってくれよった。きっと食べさせていくの大変な時代だったから、お腹膨らますための工夫とか、いっぱいしなきゃいかんかったんだろうな。今は子どもが一人か二人、多くても三人くらいでしょ、でも昔は兄弟が六人も七人も平気でおったでね、だからだよ。

そういえば、あとは御座候みたいなのがあったのかもしれない。[4]御座候の小さいのが仕事場の近くに売っていて、それが食べたくて、食べたくて。働いた後に、五個買いに行ったものだよ。一つでも腹もちするんだけどな、わたしはそれが好きだったから。一個十円くらいだったかな。

▼3　メリケン粉
小麦粉の俗称。アメリカから輸入された精製したもの。

▼4　御座候
「今川焼き」や「おやき」の一種で、小麦粉を主体とした高さの低い円筒形型で焼いた和菓子。生地の中には、おもに小豆あんが挟まれている。

コーヒーの花と果実、その収穫（いずれもインドネシアのトラジャ地方で 2008 年 8 月、赤嶺撮影）

❖忘れられない日

外食は今ではよく行ったりするけど、昔はそんなことなかったな。喫茶店に行った時のことは今でも忘れられないよ。だって、初めてコーヒーをそこで飲んだら、なんでかわからないけどね、その日、朝まで眠れなかったよ。味なんてものも忘れた。ま、その日は初恋の人と初めてデートして、その時によばれたコーヒーだっからな。夢みたいな話で嬉しくてたくさん飲んどった。

だって、その人との連絡は電話でやり取りするしかなかったから。わたしが働いとる時に、よくその人から仕事場の近くの家に電話が鳴って、その家の奥さんがわたしのところまで呼びに来て、知らせてくれよった。唯一の仕事のあいまの楽しみだったよ。だからいつも、急いで電話の鳴っているところまで駆け出しとった。でも直接会えるのは月に一、二回くらいだった。そのせいもあるかもしれないけど、その日は一晩中本読んで起きてたよ。一九六三年ぐらいのことかな。それがあったから、今でも夜にコーヒーが飲めないんだけどね。寝れないのがいやで十五時以降は、絶対に飲まない。

そのほかにも、栄の街の北部のあたりにある「みつぞろえ」っていうお店にもその人が連れてってくれたよ。そこはあんみつ、ぜんざい、おはぎの三つが有名でそう呼ばれとったみたいだな。もう本当に珍しくて、嬉しくて仕方がなかった。

外食でご飯を食べに行ったことはそれくらいしか記憶にないなあ。それから、結婚してからは近くにスーパーが出来て、毎日そこへ買い物に行ったよ。スーパーができる前はね、市場みたいなところへ行ったの。「これちょうだい、あれちょうだい」って、一回、一回お店の人から買わなきゃいけないの。でも買い物は好きだったよ。

❖高価なバナナ

今じゃ、バナナは安くお店で買えるけど、当時は食べたことないよ。でも娘が赤ちゃんの時にね、初めてバナナを一本買った気がする。一本三百円くらいで、高かった覚えがある。なんで買ったかっていうとな、娘はお腹をこわしやすい子だったから、八百屋のおばちゃんがな、「バナナはいい」って教えてくれたから、高かったけど一本買ったんだよ。今じゃ考えられないような話だけどな。

でな、そのバナナの効果ってどうだったかっていうと、娘のお腹がようなった記憶はない。わたしは八百屋のおばちゃんが言っとった言葉を信じて、栄養があると思って高いお金出したんだけどな。結局はお医者さんが教えてくれた方法で、解決したんだ。それは、野菜を煮詰めたスープを飲ませることだった。そのために、キャベツやら大根やら、ニンジン、シイタケを買って、家にありったけのもの、たとえばだし昆布とかな、加えて作ったよ。まあ、その件もあったし、バナナを買ったのは一本きりで終わったなあ。買う余裕のない、それほどのものだった。

それにな、バナナは誰かが病気になったりして入院した時に、お見舞いの品になるようなものだったから。当時のお見舞いのものは、花なんてものはなく、そのかわりに鶏の卵とか栄養のある食べ物を持ってっとったからな。

❖田舎の人と都会の人の差異

戦争中でもね、田舎の子のお弁当は、自分たちで米つくっとるで、白いお米のご飯ばっかりだったんだ。でもな、都会から疎開してきたわたしのお弁当は、麦のご飯の方が多かったんや。だいたい麦の割合が八で、白米の割合が二くらいだったかな。田舎の人は、米つくっとるからな、米に不自由しないもんな。逆に都会の人は麦の方が多いで、お弁当開けた時に真っ黒な麦の弁当だったら、わたしが可哀想だからって、お母さんがなるべく家で麦ばっかり食べるように工夫してくれとったの。それに毎日麦を削って、なるべく白くして持たせてくれとったの。

で、おかずも田舎の子はいろいろ卵焼きやなんやかんや持って来とったけど、でもわたしのはふたを開けると、梅干しやら、昆布やら。でも一番多く入れてあったのは、おぼろ昆布やね。そうするとね、ふたを開けるとご飯の上にずっとまぶしてあるおぼろ昆布が、弁当箱のふたに全部くっついとるんだがね。お母さん、上に入れるんじゃなくて、真んなかに入れておいてくれればよかったのにね。

田舎の子に、わたしのお弁当はカビが生えとるって言われたことがあるよ。その言葉は今でも忘れられんよ。田舎の子はそんな昆布やそんな大阪の人のこと知らんやんか。昆布なんか大阪に独特のもんだから。だからわたしたちは田舎の人にくらべて、昆布のこととか、よう知ってるよ。おいしいし、おかずがないから昆布入れてってくれるんだけど、田舎の人にとってはカビに思えたようだよ。

❖生活の知恵

わたしたちはね、ご飯を炊くときは「おくどさん」っていうものがあって、今は電気釜だけど、それ使って米を食べとったよ。おくどさんはな、土で作ったような、今で言うとピザを焼くみたいな感じでね、丸い形で作られとった。よく時代劇とかで見るでしょ。それで、そのなかに、下の部分には紙くずを入れて丸めてな、そんで山から採ってきた薪も入れて火をつけてな。あとは下には穴があいてるから、うちわで扇いで、上の方へ風を送ってな、ご飯を炊いてた。

ご飯は、今でいうちらし寿司を混ぜる時に使うのに似ている、「お櫃」っていう丸い形の入れ物に入れてな。でも夜は腐るからな、籠にうつしてね、ご飯を外につっとったよ。風を通しとるわけ、腐らんようにな。それでも腐っとったよ。今みたいな電気釜もないでしょ、次の日の朝食べようとすると、とくに麦は腐っとったよ。それでも食べたけどね。

あとはな、燃やしたものを「けしつぼ」っていう入れ物に入れてな、それっていうのは火を消すものな。それはふたをすると、パッて火が消えて炭になってくれるの、薪が赤い時にポンポンっていいかげんに入れるんだよ。そういうものがあった、どこの家にもな。その炭は何度も再利用できてな、「けしずみ」って呼ばれとったよ。

それから、一度できた「けしずみ」を「けしつぼ」から出して、そして「おくどさん」のなかに入れたりして、また紙を燃やして火をつけてな、その上に網を置いてサンマを焼いたり、鍋を置いてサツマイモとかをな、ふかしたり、天ぷらをやったりして「けしずみ」を利用してた。網は六〇センチくらいのものだったから、それに載るもんだったらなんでもできる。でもな、ライターもない時代だったから、マッチを使わなきゃいかんかったし、もちろんフライパンもなかったからな、全部鍋でいろんなもんを作る必要があったよ。

今は電気やガスでお風呂使ってるでしょう。でも昔は五右衛門風呂っていうのに入っとったよ。それも山から採ってきたのを薪にして、終わってから「けしつぼ」に入れてな、炭にするのさ。あと昔はストーブやらなにもなかったで、直径六〇センチくらいのな、丸い火鉢で手とかを温めとった。ストーブよりも暖かいっていうことはなかったけど、なににもなかったで、家族全員で交代に暖をとったよ。手を温めりゃ、からだ全体も温まるでしょ。それ以外の使い方はな、火鉢に網のっけて、やかんでお湯わかしたり、お餅を焼いたりしておったよ。

でな、使い終わったら毎回、毎回また「けしつぼ」に入れる、その繰り返しだった。でも「けしずみ」はな、そんなにも多くたまらんよ、すぐに使っちゃうからな。ま、「けしつぼ」っていうのは重用品だったことわかるやろ。同時にな、今の電化製品の便利さがわかるよな、で、昔はなんにもなかったこともな。

❖消え去ってゆく辛さ

十七歳くらいに手袋屋さんで働いとって、当時は洗濯機もなにもないから、丸い木のたらいに、お水を柄杓ですくって入れては、手でごしごし、ごしごし洗って、またそこに水を入れてはゆすいで、それから干して、その繰り返しだったな。そういう暮らしをして、それがずっと続いとって、二十五歳で結婚して、それから手で回す手動の洗濯機に変わって、でもまだそれでも手で洗っとったけどな。洗濯物を固まって入れると動かないんで、平ぺったく薄くして回さないとだめ。脱水のときロールが回らないからな、だから、そういうのが大変だったけどな。もし固まっちゃってるのにな、無理して入れると、ボタンははじけて壊れる、ファスナーは壊れる。

洗濯機は東芝をつかっとった気がする。それから、二層式になって全自動になったでしょ。二層式は、脱水機と洗濯する場所が別々になったものだけど、それを置くスペースが必要だったな、今から二〇年くらい前かな、その時、はじめて全自動になったな。慣れるまでは大変だけどな、おかげで、洗濯しながらほかの仕事ができるし、とくに冬の時期には、冷たい思いしなくて良かったから、助かったかな。

❖カラーよりも白黒テレビ

そういや、テレビはな、わたしの家に昔なかった時は、近所のところに見せてもらいに行ってたよ。とくに紅白歌合戦という番組もようあったし、なんか懐メロばっかりだったけど。今と昔のテレビの内容をくらべると、昔は今みたいにお笑い芸人じゃなく、コクがあって面白いもんだったな。

わたしの家には白黒テレビが昭和三十七（一九六二）年くらいにきて、昭和四十五（一九七十）年にはカラーテレビがきたんだけどな。大きさはだいたい十六インチくらいで、今みたいな薄型じゃなくて、厚みのあるすごく重たいものだった。それでも最初画面を通してみた世界は、驚きだったよ。でな、あとからカラーテレビに変わった時、それほど大きな感動は白黒テレビがきたときにくらべて、なかった気がする。ああ色がついただけなんだろうなあって思った。もうその前にテレビを見てるからな。ただそんだけだったな、なんでやろうなあ。

❖手間のかかる冷蔵庫

冷蔵庫はわたしが小さい時からずっとあったよ。まあ今と違って、冷蔵庫に霜ができちゃってたけどな。それがたまってかんからかんからと固まって、だけどそれでも水入れて氷作ったりしたな。でも霜をとらんと冷蔵庫が冷えないの、だからのみで削るか、電源を切っちゃうの、ほかって置いておくと、霜が溶けてくるからな。それからきれいにして、電源を入れるの、それの繰り返しだったな。「霜取り」せんとどうしようもなかったからなあ。でも今は、「霜取り」なんてあんまり聞かんくなったよな。それに収納スペースだけどな、昔は氷が張れるところと、残りの肉や野菜全部を入れるところ、二ヵ所しかなかった。だんだんと一番上に、パーシャルができたりしたんだけどな。

❖普及した電化製品

クーラーは水をタンクに入れてな、そりゃあステレオみたいな大きなクーラーでね、ガンガン、ガンガンとつけとった。うちはクーラー買うの、皆にくらべて早かったと思うよ。電子レンジ買うのも、わりかし早かったな。だいたいそれらは一九七〇年くらいの同じ時期に買ったよ。今のことを思えば、どれ買うにしても収入の割に高かったと思うよ。だって電子レンジなんて、十六万円くらいしたんじゃない。高かったやろ。それでもそれを四〇年間くらい使って一度も故障したことない。高くても昔のものは精密に作られて、丈夫だった。今の電化製品はすぐに壊れてしまうから、たまに形だけに思えてしょうがないんだよ。

昭和二〇（一九四五）年に、わたしが小学校一年生くらいの時かな、天皇の「戦争が終わりました」っていう宣言をラジオから聞いた覚えがある。まだその時は子どもだったから、わたしはなんのことかわからなくて、ぼーっと聞いた覚えがある。昔は音が情報源だったからな。

あと昔はレコードがあったなあ。でもいつくらいから、それらがあったかは覚えてないな。でもドーナツ終わってから、ラジオがあったんじゃないかな。だってレコードの針がガーガーと壊れてから、ラジオを買ったのは記憶にたしかに残ってるからね。今の子は、レコードを知らないだろうねえ。レコードはドーナツ型の形をしとったよ。真んなかに大きな穴があいてて、二〇センチから二十五センチ位の大きさだったな。それから、わたしが結婚してから、娘のためにもよくそれを買うようになったよ。「お手てつないで」とか、「夕焼けこやけ」とか、いっぱいあったよ。

❖共有した電話機

電話についていうとな、当時それは壁に掛けてあったよ、ラッパみたいにすっと飛び出とってね、よく近所の人に借りに行ったこと、今でも覚えてるよ。田舎だったから、そういうことは簡単にできたでね。週に何回も借りれるよ。結婚するまでは電話は家になかったな。二十五歳くらいかな、その時からわたしの家でも黒電話を使ったよ。

今は携帯電話が普及して、それによって便利になったな。だってわたしが名古屋で住み込みで働いてた時は、家族との連絡方法が自由になかったから、その時は家に月に二回連絡を取るために帰ったんだよ。まあ、働いてた時は月に二回しか休みがなかったから、貴重な二回だったけど、恋しさからな、二時間くらいかけて会いに行ったな。でも携帯電話は同時に、余分な費用だと思う。便利さはあるけど、高い料金だからな、余分な費用じゃないかな。

❖輸入品の増加

今と昔で変わったところは、食べるものも変わったし、着る服も変わったし。輸入商品が増えたことを、今、強く感じてるよ。それらはだんだん入ってきたからな、急に輸入食品が大量に増えたって感じはなかったな。どういう風に感じたかっていうとな、ほとんどが中国表示で、中国、中国ってな、なんとなく日本のものの方がいいと思ったよ。だって昔は、そんなもんなかった。日本のもんばっかだった。裏見て表示を見るっていうことは、なかったと思う。うん、そんな習慣なんてなかった。今でこそ裏を見る。なぜかというと、むこうは農薬やらを滴り落ちるほど撒いてるっていうこと聞いてるから、だから裏を見る。それに昔と今で食料の値段考えただけでも、今の方が数倍高いんじゃないかな。

❖現代人との違い

違いっていったら、今の人たちはなんていうのかな、厳しさがないのかな。幸せ。わたしたちの当時の生活とくらべるとな。なんでも食べたいもの食べられるし、着たいものも着れるし。だから今の子どもは、ぬくぬくと育ってると思う。欲しいものは手に入るしな。

でもわたしは、おなじ世代のほかの人たちとくらべると、まだいい生活をしてたと思う。わたしはまだ、大阪から田舎っていうところに来たでしょ、だから食べ物にめちゃめちゃ苦労したわけじゃないからな。でも主人は伊勢の松坂にいたからな、伊勢は丸焼けだったでしょ。だから食べ物は相当苦労したみたいだよ。

あとな、昔の人と今の人の認識の違いがあるんじゃないかな。「かつてトイレットペーパーの買い込みがあって、大変だったんでしょ」って、わたしたちの年代の人たちは言われるけど、わたしは一切そんな思いしなかったよ。わたしのまわりもそうだった。なんにも影響なかったんだから。後で後悔することもなかった。国はわたしたちを脅かすだけで、とにかく買い占めた思い出はない。地方によるんやろうな。

❖高度経済成長期の反省

高度経済成長期の時はな、お金もバンバン出たし、銀行に預けても利率が今よりもよかったんだよ。それに当時、車はダットサンがあったよ。ミニカーを大きくした、あんな感じの四角い形の車だったよ。今の時代じゃ、わからんよな。

わたしは高度経済成長期によっていいこともあったし、損したこともあったな。いいことっていうのはな、なんでもあって、なんでも買える時代。でもかえって後悔かな、後悔。もっと質素にやっておけばなあって。だってドルのことでね、知り合いの人に、「いい、いい」って言われて、ドルを買ってもらって。だけどね、最後ね、やんなっちゃってやめたら、五十万円くらい損したんじゃないかな。知らずに知らないこと任せてやっとって、それが成長期のなかで味わった損したことだなあ。でな、それからどんどんどん景気が低迷してきて、今みたいになってきたでしょ。皆が質素にしておればな、まだ景気もましだったかもしれんなあ。

【聞き手　徳永光希】

《聞き手のつぶやき》

おばあちゃんが生きてきたこれまでの暮らしの体験談を直接聞き、当時の暮らしの厳しさをまじまじと感じた。そこには、日本の異文化があった。私はこれまで教科書や新聞を通して高度経済成長期について学び、その時代について知ったつもりでいたが、実際は学んでいなかったのだと思い知らされた。まして沢庵だけの生活を強いられていた時代があったなんて想像したこともなかった。

しかし同時に、どんなに苦しい状況であっても、精一杯生きるために、知恵を出し、助け合いながら、当たり前にその社会を受け入れて生活してきたおばあちゃんのことを誇りに感じた。だからこそ、聞き書きという手段は、次世代に何かを残す上でいかに有効的なものだということを知った。そしてそのことが、今生きる世界を見直すきっかけにもつながるのだと思った。

同時に私は、衣食住に困窮していた時代の悲惨さが風化しつつある今日、その苦しみを知らずに日々社会が発展し、ますます豊かで便利な環境の中で生活が送れることに対してありがたさを感じた。そこで、毎日が当たり前に来るのではなく、明日が来る喜びを感じながら、一日一日を感謝して生きていきたいと思った。

最後に、効率性を重視した現代社会と引き換えに、昔の人の賢明な知恵が失われているのだと私は感じた。そこで、この先も昔の人のあらゆる話を聞き、今の生活とくらべながら、昔からある伝統を引き継ぐべきところ、見直すべきところ、それぞれを吟味していけたらよいと考えた。

語り手／聞き手一覧（五十音順・敬称略）

語り手

稲山英幸・節子
小川陽子
岡田夫紀子
木村次子
阪田喜代子
鈴木謹一
竹内たみ子
長谷川静子
古町暹
宮川茂子
山本経子

聞き手

伊藤葵（国際文化学科二年）
大賀由貴子（国際文化学科四年）
鬼頭沙妃（国際文化学科二年）
木村仁美（国際文化学科三年）
祖父江智壮（国際文化学科四年）
徳永光希（国際文化学科二年）
林あかね（国際文化学科二年）
平田結花子（国際文化学科三年）
水谷友紀（国際文化学科二年）
山田果歩（国際文化学科二年）
山本祥子（国際文化学科二年）

編者・指導

赤嶺淳

シリーズ「グローバル社会を歩く」の刊行にあたって

このたび、「グローバル社会を歩く」と銘打ったシリーズとして、調査報告集を刊行することとなりました。

そもそも「グローバル社会を歩く」は、名古屋市立大学・大学院人間文化研究科の「グローバル社会と地域文化」に所属する教員有志ではじめた研究会です。わたしたちは、文化人類学、社会学、社会言語学、地域研究を専門とする教員で構成されています。おたがいが研究対象とする地域も北米、中国、ヨーロッパ、東南アジア、日本とバラバラです。共通点は、ただひとつ。みながフィールドワークを研究手法に据えているということです。

現代が、モノ、情報、資本の往来するグローバル化時代であることは、いうまでもありません。世界が小さくなったといわれる今日、地域社会はどのような問題を抱えているのでしょうか？　こうした素朴な疑問にこたえるために、二〇一〇年、わたしたちは「グローバル社会を歩く」という研究会をたちあげました。

フィールドワークは、「歩く・見る・聞く」と表現されることがあります。名言、そのものです。しかし、わたしたちが研究会の名称に託した「歩く」には、別の意味もこめられています。それは、ただ単にフィールドを「歩き」、観察するだけではなく、フィールドの人びとと一緒に「歩む」ということです。研究成果の地域還元について真摯にとらえたい、という意思表示なのです。

この調査報告シリーズでは、地域社会での生活変容を具体的に記録することを一義的に考えています。つたない報告書ではありますが、フィールドワークで得た生の声を届けることから、わたしたちの「歩み」をすすめたいと存じます。みなさまからのご批判をお待ちしています。

二〇一一年十一月

グローバル社会を歩く研究会

編者紹介

赤嶺　淳（あかみね・じゅん）

1967年、大分県生まれ。フィリピン大学大学院修了後、日本学術振興会特別研究員等を経て、現在は名古屋市立大学・大学院人間文化研究科・准教授。専門は東南アジア地域研究、海域世界論、食生活誌学、フィールドワーク技術論。おもな著作に『ナマコを歩く――現場から考える生物多様性と文化多様性』（新泉社、2010年）、『クジラを食べていたころ――聞き書き　高度経済成長期の食とくらし』（編著、グローバル社会を歩く研究会、2011年）、『グローバル社会を歩く――かかわりの人間文化学』（編著、新泉社、2013年）、*Conserving Biodiversity for Cultural Diversity*（Tokai University Press, 2013）がある。

グローバル社会を歩く④

バナナが高かったころ――聞き書き　高度経済成長期の食とくらし２

2013年2月15日　初版第1刷発行

編者　**赤嶺　淳**

発行　**グローバル社会を歩く研究会**

〒467-8501　名古屋市瑞穂区瑞穂町山の畑1

名古屋市立大学・大学院人間文化研究所

課題研究科目「グローバル社会と地域文化」

Tel 052-872-5808　Fax 052-872-1531

発売　**株式会社　新泉社**

〒113-0033　東京都文京区本郷2-5-12

Tel 03-3815-1662　Fax 03-3815-1422　振替・00170-4-160936番

ISBN 978-4-7877-1303-2　C1339

マリア・カステジャノス，佐野直子，敦賀公子 著

グローバル社会を歩く③

たちあがる言語・ナワト語

——エルサルバドルにおける言語復興運動

A 5 判・224 頁・2012 年 3 月刊

1524 年にスペイン人がエルサルバドルを占領した時点では，最も広く定住していた先住民族ピピル人の言語ナワト語は，今では話者 200 人に満たず，絶滅の危機に瀕する言語だといわれている．ナワト語復興プロジェクトを紹介しながら，先住民社会の過去•現在•未来を見つめる．

赤嶺 淳 監修　阿部裕志，祖父江智壮 編

グローバル社会を歩く⑤

海士(あま)伝　隠岐に生きる

——聞き書き 島の宝は，ひと

A 5 判・164 頁・2013 年 2 月刊

島根県の隠岐諸島のひとつ，中ノ島＝海士町．多くの離島が過疎化・高齢化問題に直面するなか，人口 2300 人の小さな島は，地域活性化のモデルとなる「Ｉターン（移住者）のまち」として注目を集めている．島民への聞き書きをとおして挑戦的なまちづくりの取り組みを見つめる．

シリーズ「グローバル社会を歩く」

発行：グローバル社会を歩く研究会（発売：新泉社）
定価：各 1000 円＋税

赤嶺 淳 編

グローバル社会を歩く①

クジラを食べていたころ

——聞き書き 高度経済成長期の食とくらし

A 5 判・224 頁・2011 年 12 月刊

鯨肉消費をテーマに，名古屋市立大学の学生たちが，祖父母世代に戦前・戦中から戦後の食糧難の時代，そしてその後の高度経済成長期に至る「食卓の変遷史」を国内各地域で聞き書きした記録．食生活誌学から，戦後日本社会の一断面と食文化の多様性を浮かび上がらせる試み．

赤嶺 淳，森山奈美 編

グローバル社会を歩く②

島に生きる

——聞き書き 能登島大橋架橋のまえとあと

A 5 判・192 頁・2012 年 1 月刊

能登半島の七尾湾に浮かぶ能登島．半農半漁の静かな島の暮らしは，対岸の和倉温泉地区へ結ぶ能登島大橋が 1982 年に開通したことで大きな変貌を遂げ，観光地化が進んだ．島の人々に架橋前後の生活の変容と島おこしの課題をインタビューし，地方再生のありようを展望する．